ハヤカワ文庫 NF
〈NF481〉

小さなチーム、大きな仕事
働き方の新スタンダード

ジェイソン・フリード
デイヴィッド・ハイネマイヤー・ハンソン
黒沢健二・松永肇一・美谷広海・祐佳ヤング訳

HAYAKAWA NONFICTION

早川書房
7900

Translated by
Kenji Kurosawa, Keiichi Matsunaga, Hiroumi Mitani and Yuka Young
Published 2016 in Japan by
HAYAKAWA PUBLISHING, INC.
This book is published in Japan by
arrangement with
CROWN PUBLISHERS
a division of RANDOM HOUSE, INC.
through JAPAN UNI AGENCY, INC., TOKYO.

目次

小さなチーム、大きな仕事

働き方の新スタンダード

はじめに

ビジネスを立ち上げて、経営して、拡大する（あるいは拡大しない）ことについて、言いたいことがある。

この本は、学術的な理論ではなく、僕たちの経験をベースにしている。ビジネスに関わってきた一〇年の間に、二度の不況、バブルの崩壊、ビジネスモデルの変化、そして暗く縁起の悪い予測が到来しては去っていくのを経験したが、僕たちは利益をあげる企業であり続けた。

僕たちは会社を大きくせずに、小さな企業やグループが楽に仕事できるようなソフトウェアを開発している。世界中で三〇〇万人以上の人たちが僕たちの製品を使っている。

三人だけのウェブデザインのコンサルティング会社として一九九九年にスタートした

僕たちは、二〇〇四年に、業界で使われているプロジェクト管理ソフトに不満を感じて「ベースキャンプ」を作った。このオンラインツールを顧客や同僚たちに見せると、みんな同じことを言った。「うちにもこれが必要だ」と。五年後、ベースキャンプは年間数百万ドルの利益をあげるようになった。

今では他のオンラインツールも売っている。コンタクト管理ソフトでシンプルなCRM（顧客管理）ツールの「ハイライズ」は、数万の小さな会社で使われていて、指示や取引を記録し一〇〇〇万件以上の連絡先を管理している。イントラネットの知識共有ツールである「バックパック」には、五〇万人を超える人たちが登録した。ビジネス用のリアルタイムチャットサービス「キャンプファイア」では、一億件以上のメッセージがやりとりされている。また「ルビー・オン・レイルズ」というオープンソースのプログラミングフレームワークを開発して、ウェブ2・0を大いに推進している。

僕たちをインターネット企業とみなす人もいるが、これにはうんざりだ。インターネット企業は、強迫観念のように人を雇い、でたらめに浪費し、はなばなしく散るというのが相場だ。僕たちは小さく（この本の出版時点で一六人）、質素で、利益をあげている。

多くの人はこんなやり方ではビジネスはやっていけないと主張する。僕たちはまぐれだと。僕たちのアドバイスなんて聞いちゃいけないと言う。無責任で、無謀で、未熟で素人くさいとも。

こう批判する人たちは、拡大路線、会議、予算管理、取締役会、広告やセールスマンといった「現実の世界」すべてを拒絶しても、企業が成功できるということを理解していない。それは彼らの問題で、僕たちの問題ではない。彼らはフォーチュン500に売り込む必要があるという。知ったことか。僕たちはフォーチュン5000000に売っているのだ。

彼らは、社員が二つの大陸の八つの都市に散らばっていてお互いほとんど会わなくてもうまくやれるとは思わない。財務の見通しと五カ年計画なしでは成功できないと言う。それは間違っている。

彼らは、『タイム』、『ビジネスウィーク』、『ファスト・カンパニー』、『ニューヨーク・タイムズ』、『フィナンシャル・タイムズ』、『シカゴ・トリビューン』、『アトランティック』、『アントレプレナー』、『ワイヤード』の紙面をおさえるために広告会社が必要だと言う。それは間違いだ。自分たちの仕事術を共有したり、成功の秘密を明らかにしたりしてしまえば、競争には耐えられないと言う。これも間違っている。

彼らは主張する。強力なマーケティングと広告予算なしには大手には太刀打ちできない、競争相手より機能の少ない製品では成功できない、自分流にやり方を作り上げながら成長することは不可能だ、と。しかし、これこそ僕たちがやってきたことだ。彼らはいろいろなことを言うが、僕たちはそれが間違っていることを証明してきた。そして、どうやるかを示すために、この本を書いたのだ。

それでは、さっそく見ていこう。

WORK
WORK
WORK
REWORK
WORK
WORK

まず最初に

新しい現実

この本は、ビジネスを始めようなどと夢にも思ったことのない人から、すでに会社の経営に成功している人までを対象にした、一風変わったビジネス書だ。

バリバリの起業家、ビジネス界のやり手のための本だ。スタートして、リードして、勝ち残るために生まれたと感じている人たち。

ちょっとした小さなビジネスを運営している人のための本でもある。ハードコアなビジネスマンではなくとも、生活の中心にビジネスがある人。より多くのことをこなし、より賢く働き、より良い仕事を求めている人たち。

日々まじめに仕事をしながら、いつも自分の夢を追いかけたいと思っている人たちのための本でもある。自分の仕事は好きだが、たぶん上司のことは好きじゃない。あるいは単に飽きていて、自分の好きなことをして稼ぎたいと思っている人たち。

そして、これは、ひとりでビジネスを始めたいなんて考えもしなかった人たちのための本だ。できるわけがないと思っているかもしれない。時間も、資金も、やりぬく意志もないと思っているのかもしれない。あるいは、単に自分自身を試すのを恐れているのかもしれない。ビジネスの世界は汚いと思っているのかも。理由はなんであれ、そういう人のための本でもある。

新しい現実がある。今や誰にでもビジネスが可能になったのだ。かつて手の届かなかったツールは容易に手に入る。何千ドルもした技術はほんの数ドルか無料にすらなっている。ひとりで二つ三つの仕事、ときには部署全体の仕事ができる。数年前まで不可能だったことが今日《こんにち》では簡単だ。

週に六〇、八〇、一〇〇時間もみじめに働く必要はない。週に一〇時間から四〇時間も働けば十分だ。貯金を使い切る必要も、めいっぱいの危険をおかす必要もない。いつもの仕事をしながらビジネスを始めることで、必要なキャッシュフローを得ることができる。オフィスすら必要ない。自宅でも働けるし、何千マイルも離れたところに住む、一度も会ったことのない人たちとコラボレートすることもできる。

さあ、いまこそ仕事の本質を見つめなおすときだ。

現実の世界なんて無視しよう

見直す

現実の世界なんて無視しよう

「そんなこと現実にはうまくいくわけないよ」。新しいアイディアを人に話すと、必ずこう言われるだろう。

現実世界とは、ひどく気の滅入る場所のように聞こえる。新しいアイディア、みなれぬアプローチ、変わったコンセプトが必ず敗北する場所だ。勝利するには、みんながやっているようにするしかない。たとえそれが欠陥だらけで非効率的にみえても。

一皮剝《む》くと「現実」の世界の住人は悲観と絶望に満ちている。斬新なアイディアの失敗を願っている。社会は変わらないし、変えることもできないと思い込んでいる。

しかも彼らは他人を彼らの墓に引きずり込もうとしている。あなたが希望と野心にあふれていれば、そのアイディアは不可能だと説得しようとするだろう。時間の無駄だと。信じてはいけない。そういう世界は彼らにとってはリアルかもしれないが、あなたがそこに生きる必要はない。

僕たちの会社はあらゆる意味で「現実」世界の試験には落第だ。「現実」の世界では、二つの大陸の八つの都市に散らばる十数人の社員をかかえることはできない。「現実」の世界では、セールスマンや広告抜きに数百万人を超える顧客を引きつけることはできない。「現実」の世界では、成功の公式を公開してはいけない。けれど、僕たちはこれらを全部実現し、成功している。

「現実」の世界とは場所ではなく、言い訳だ。何も試さないことを正当化しようとするものだ。あなたには関係ない。

FAILURE IS NOT A RITE of PASSAGE

失敗は通過儀礼ではない

「失敗から学ぶこと」は過大評価されている

ビジネスの世界では、失敗は予定どおりの通過儀礼になっている。一〇の新しいビジネスのうち九つがどう失敗したかをしょっちゅう聞かされるだろう。あなたのビジネスにチャンスはほとんどない。だが失敗は人を育てる、と。人々は「早めに失敗して、何度も失敗しろ」とアドバイスする。

こんなに多くの失敗が空気に充満していては、どうしてもそれを吸い込みそうになる。しかし息を止めよう。統計に騙されるな。他人の失敗は、しょせん他人の失敗だ。もし他の人が製品のマーケティングができなくても、あなたとは何の関係もない。他の人がチームをまとめられなくても、他の人が自分のサービスに適正な価格をつけられなくとも、何の関係もない。他の人が支出を上まわる収入を得られなくても……まあ、そういうことだ。

よくある誤解その二は、「失敗から学ぶ必要がある」というやつだ。失敗から何を学べるのだろうか？　してはいけないことについては学べるかもしれないが、それにどんな価値がある？　次に何をすべきかがわからないではないか。

PLANNING IS GUESSING

計画は予想にすぎない

成功から学ぶことと比較しよう。成功は次の手段を与えてくれる。成功すれば、何がうまくいったのかわかり、それをもう一度できる。そして次はもっとうまくやれるだろう。

失敗は成功の源ではない。ハーヴァード・ビジネススクールのある調査によると、一度成功した起業家は次もうんと成功しやすい（次に成功する確率は三四パーセント）。しかし最初に失敗した起業家が次に成功する確率は、はじめて起業する人と同じでたったの二三パーセントだ。一度失敗している人は、何もしなかった人と同じぐらいにしか成功を収めていない。成功だけが本当に価値のある体験なのだ。

これは驚くようなことではない。なぜならこれこそが自然界の法則だからだ。進化は常にうまくいったもののうえに築かれ、過去の失敗は引きずらない。あなたもそうであるべきだ。

計画は予想にすぎない

占い師でもない限り、長期のビジネスプランは幻想だ。マーケットの状況、競合他社、顧客、経済などの手におえないたくさんの要素があるのに、計画を作っただけで、実際には制御できないものをコントロールした気になる。

なぜ計画ではなくもっと実状にあった言葉、「予想」と呼ばないのだろうか。ビジネスプランをビジネス予想、財務プランを財務予想、戦略プランを戦略予想と名前を変えてみよう。気を揉んだりストレスに感じたりする必要はなくなる。

予想を計画に変えたとたん、危険な領域に入り込むことになる。計画は、過去に未来の操縦をさせる。目隠しをするのと同じだ。「前からこうすると決めていたんだから、こうするんだ」。しかし、計画は身軽さとは相容れない。

あなたは臨機応変に振舞わなければならない。やってくるチャンスをつかまえられなければならない。ときには「今からこの方針でいこう。このほうが今の状況に合っている」と言う必要がある。

長期計画を立てる時期も間違っている。何かをしているときこそ、最も情報が豊富なときだ。する前ではない。だとしたら計画はいつ立てるべきなのか？　たいていの長期計画は何かを始める前に作るが、重大なことを決定するのにこれ以上悪いタイミングはない。

未来について考えるなとか、やがてくる障害にどう立ち向かうか熟考するなと言っているのではない。それは有意義な作業だが、それを記録したり、たえず心配したりする

GROW
GROW
GROW
GROW
GROW
GROW
WHY?
なぜ大きな規模が必要？

必要はないということだ。壮大な計画を作っても、どうせ見直したりしない。二〇ページもある計画は、ファイルキャビネットの化石になるのがオチだ。

予想をたよりにしてはいけない。今年ではなく、今週することを決めよう。次にやるべき最重要課題を見つけだして、取り組むのだ。何かをするずっと前ではなく、直前に決定を下そう。

計画なしに仕事をするのは恐ろしく思えるかもしれない。しかし現実と折り合わない計画にしたがうのは、もっと恐ろしいことだ。

会社の規模なんて気にしない

「会社の規模はどのくらいですか?」とよく聞かれる。ただの世間話だが、期待されている答えは小さくない。大きな数ほど印象的で、プロフェッショナルで、パワフルだと思われるようだ。一〇〇人以上の社員がいると答えると、「それはすごい!」と言われる。小さな会社だったりすると、「えーと……いいですね」となる。前者はほめ言葉のつもりで、後者は礼儀として言っている。

なぜだろう。規模とビジネスにはどんな関係があるのだろうか。なぜいつも拡張が目標なのだろう。うぬぼれ以外に「大きさ」に引き寄せられる理由は何だろう（「スケールメリット」よりましな答えが必要だ）。ちょうどよい大きさを見つけて、それに満足してはいけないのだろうか？

ハーヴァードやオックスフォードを見て、「もっと手を広げ、たくさん姉妹校を作って、何千人もの教授を雇って、グローバル展開して、世界中にキャンパスをオープンしたら、すごい学校になるのに」なんて言うだろうか。もちろん言わない。それが大学の価値を測る方法ではないからだ。ではなぜビジネスでは規模で測られるのだろう？

あなたの会社に最適な規模は五人かもしれない。四〇人かも。二〇〇人かも。もしかして、あなたとラップトップが一台あればいいのかもしれない。どのくらいの規模にするかをすぐには決めないことだ。ゆっくり成長して最適なサイズを見つけよう。あせって人を雇うのは多くの企業にとって致命傷となる。身の丈に合わない急激な成長にも気をつけよう。

小さいことは通過点ではない。小さいことは、目的地でもあるのだ。

小さな企業はもっと大きければと願っているのに、大企業は身軽で柔軟であることを夢みていることに気づいているだろうか？　正しいやり方はない。そして、一度大きくなってしまうと、社員を解雇したり、士気を下げたり、ビジネスのやり方を根本的に変

ワーカホリック

えたりしない限り、縮小することは非常に難しい。

右肩上がりがゴールである必要はない。社員数の話だけをしているのではない。経費、家賃、ITインフラ、備品についても、これはあてはまる。これらは偶然ふりかかってくるのではない。自分で引き受けるかどうか決めるのだ。拡大すれば、頭痛のタネも増える。経費がかさむようになると、複雑なビジネスを作らざるを得なくなる。管理が難しく、ストレスに満ちたものを。

小さなビジネスを目指すことに不安を抱かなくていい。持続的で、利益の出るビジネスを行っていれば、それが大きかろうと小さかろうと誇るべきことなのだ。

仕事依存症《ワーカホリック》はバカげている

僕たちの文化は仕事依存症を称賛している。僕たちは徹夜で働く人たちの話を聞く。彼らは徹夜して、オフィスで寝る。プロジェクトのために自分を死地に追い込むのは名誉の勲章だと思っている。どんな仕事でも多すぎたりしない。

こうした仕事依存症は不必要なだけでなく、バカげている。たくさん働くことは、よりよいケアができることや、たくさん達成できることを意味しない。単にたくさん働いたというだけだ。

働きすぎは、解決よりも問題をより多く生み出す。まずそんな働き方はいつまでも続かない。燃え尽き症候群に襲われたとき（それはやがてやってくる）、もっとひどいことになる。

仕事依存症患者は重要な点を見逃している。彼らは時間をつぎこんで、なんとかしようとする。よく考えることをせず、力技で埋め合わせようとする。これは見苦しい解決につながるだけだ。

彼らは危機すら生み出す。彼らは好きで働きすぎているので、効率的な方法を探さない。ヒーロー感覚を楽しんでいるのだ。たくさん働くと興奮するというだけで問題を作り出す（本人も気づいていないことが多い）。

仕事依存症患者は、単に長時間働いていないという理由で、遅くまで居残らない人たちを能力に欠けているとみなす。これは罪悪感と士気の低下を招く。さらには実際には生産的ではないのに、義務感から遅くまで居残るような「座っていればいい」というメンタリティを生み出してしまう。

仕事しかしないのでは、およそ正しい判断は下せないだろう。価値観も狂ってくる。努力に値するものとしないものがわからなくなる。そして疲れ果ててしまう。疲れてい

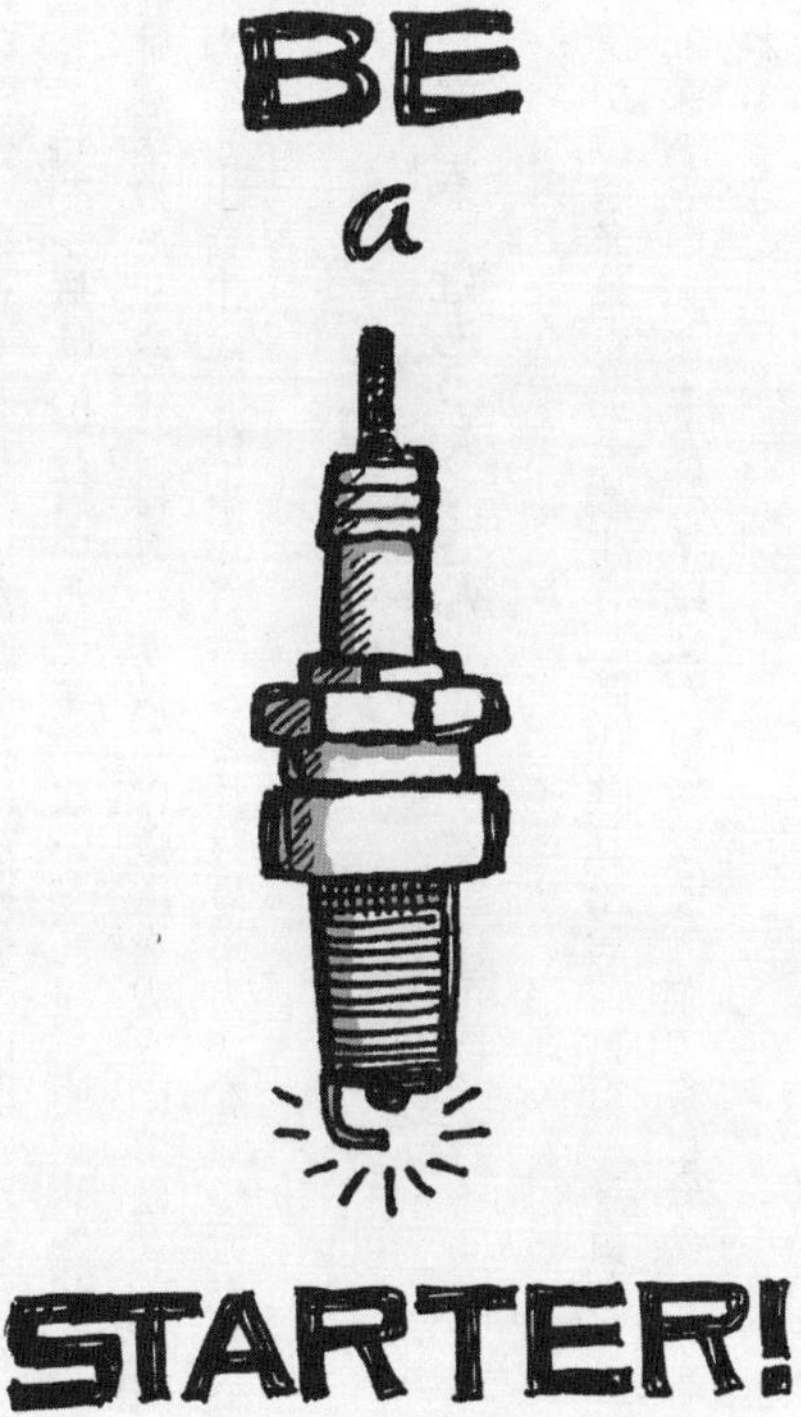

スターターになろう！

たら、誰にもするどい判断は下せない。

結局、仕事依存症患者はそうでない人たちより、よい仕事をするわけではない。完璧主義なのだと主張するかもしれないが、それは次の仕事に取りかからずに、つまらない細部に執着して時間を無駄にしているにすぎない。

仕事依存症患者はヒーローではない。彼らは危機を救うのではなく、時間を浪費するだけだ。本当のヒーローは、仕事をさっさと片付ける方法を見つけだし、とっくに帰宅している。

「起業家《アントレプレナー》」はもうたくさん

「起業家」という言葉はひっこめよう。時代遅れでお荷物だ。会員制クラブの臭《にお》いがする。自分を起業家と呼ぶような特権階級だけでなく、誰でも自分のビジネスを始めることが奨励されるべきだ。

ビジネスを始める人たちの中に新しいタイプのグループがある。彼らは、利益をあげながらも自分たちを起業家とは考えていない。大部分は自分たちをビジネスのオーナーとすら思っていない。自分の好きな条件で好きなことをやっているだけで収入を得ている。

耳に心地よくひびく言葉をもう少し実際的な言葉に置き換えよう。起業家のかわりに、スターターと呼ぼう。新しいビジネスを作ったものは誰でもスターターだ。ＭＢＡも、資格も、高いスーツも、ブリーフケースも、平均以上のリスクを受け入れることも必要ない。一つのアイディアと、少しの自信と、スタートのひと押しだけがあればいい。

MAKE A DENT IN THE Universe!

ささやかにでも世界に貢献しよう！

先に進む

世界にささやかに貢献する

大きな仕事をするには、何かを良くしているという感覚が必要だ。世界にささやかに貢献している、あなたは重要なものの一部である、という感覚だ。

これはガンの治療法を発見しなければいけないという意味ではない。自分の努力に価値があると感じる必要があるということだ。顧客に「私の人生を良くしてくれた」と言ってもらいたいはずだ。していることをやめたら、みんなに気づいてほしいはずだ。

これは緊急の課題である。時間は永遠ではない。これは人生の仕事なのだ。どこにでもあるような製品をもう一つ作りたいのか、それとも革命を起こしたいのか。成し遂げたことが自分の遺産になる。ブラブラと時間を過ごして、誰かがやってくれるのを待っていてはいけない。違いを生み出すには大きなチームが必要だと思い込んではいけない。

昔ながらの案内広告を滅ぼした「クレイグスリスト」（特定の都市・地域限定の不動産、求人、イベントなどの情報が掲載されたコミュニティサイト）を見てみよう。ほんの数十人の社員で、この会社は数千万ドルの収入を生み出し、インターネットで最も人気のあるサイトのひとつになり、新聞の広告モデルを完全に崩壊させた。

マット・ドラッジの「ドラッジ・レポート」は、一人の人間によるシンプルなページにすぎない。しかしこれはニュース業界に大きなインパクトを与え、新しい話を見つけるのに頼りになる場所として、テレビのプロデューサー、ラジオのトークショーのホスト、新聞記者などがくりかえしアクセスしている。

何かをするなら、重要なことをしよう。彼らは少人数で、どこからともなくやってきて、何世紀も続いた古いモデルを破壊した。あなたも自分の業界で同じことができる。

SCRATCH
YOUR OWN
ITCH
自分のかゆいところをかけ

あなたに必要なものを作る

すごい製品やサービスを生み出す最も単純な方法は、あなたが使いたいものを作ることだ。自分の知っているものをデザインするのなら、作っているものがいいかどうかすぐに判断がつく。

37シグナルズ（二〇一四年に「ベースキャンプ」に社名変更した）では、僕たち自身のビジネスに必要な製品を作っている。たとえば、僕たちは誰と話したか、何を話したか、次回はいつフォローアップする必要があるかを管理する手段が欲しかった。そこでコンタクト管理ソフトのハイライズを作った。フォーカスグループも、マーケット調査も、仲介者も雇う必要がなかった。僕たちは自分たちに必要なものを作ったまでだ。

製品やサービスを作るには、毎日何百もの小さな決断を下さなければいけない。他人の問題を解決しようとするのは、暗闇の中をむやみに進もうとしているのと同じだ。解決しようとしているのが自分自身の問題であれば、足元は明るく、どれが正しい答えかがわかるはずだ。

発明家のジェイムズ・ダイソンは、自分の問題を解決した。自宅を掃除機で掃除しているとき、紙パック式の掃除機がどんどんパワーを失っていくことに気づいた。ゴミが微細な穴をふさぎ、空気の流れを妨げるのだ。これは他人の問題ではなく、彼が直接経験した「自分の」問題だ。だから彼は自分で解決すると決め、世界初の紙パックのないサイクロン式掃除機を作った。

ヴィク・ファースは、ボストン交響楽団でティンパニを演奏しているときに、もっとよいドラムスティックを作ることを思いついた。市販のスティックは彼の求める基準に達しなかったので、彼はドラムスティックを自分で作って自宅で売り始めた。ある日たくさんのスティックを床に落としてしまった彼は、スティックのたてる音が不揃いだと気がついた。それ以来、彼はスティックの水分含有量、重さ、密度、ピッチを合わせて、まったく同一のペアを作るようにした。その結果、彼の代名詞ともいえる「パーフェクト・ペア」が生まれた。今日《こんにち》ヴィク・ファースの工場は毎日八万五〇〇〇本のドラムスティックを製造し、市場で六二パーセントのシェアを持っている。

トラック競技のコーチであるビル・バウアーマンは、彼のチームにはもっと軽くて出来のいいランニング・シューズが必要だと決断した。そこで彼は自分の作業場に行き、ラバーを家庭用ワッフル焼き器に注ぎこんだ。ナイキの有名な「ワッフルソール」の誕生だ。

彼らは自分の「かゆいところをかき」、まったく同じところがかゆい人たちという巨大な市場を見つけた。

自分で欲しいものを作れば、自分で作っているものの品質を、すばやく、直接、代理を通さずに評価できる。

メアリー・ケイ・コスメティクスの創立者であるメアリー・ケイ・ワグナーは、彼女のスキンケア製品がすばらしいと知っている。なぜなら彼女は自分で使っているからだ。彼女は、地元の美容師が友人や親戚や患者に売っていた自家製の処方箋を使っている。その美容師が死んだとき、ワグナーは遺族から処方箋の権利を購入した。その製品のよさを知るのに、フォーカスグループも調査も必要なかった。ただ自分の肌を見ればよかった。

なんといっても、この「自分自身の問題を解決する」アプローチでは、作り手が自分の作っているものを愛するようになる。問題を知っているだけでなく、その解決にどれほどの価値があるかもわかっている。これは何ものにも代えがたい。しまいには、何年も(願わくば)このために働くことになる。もしかすると残りの人生ずっと。だから本当に関心のあることにしたほうがいい。

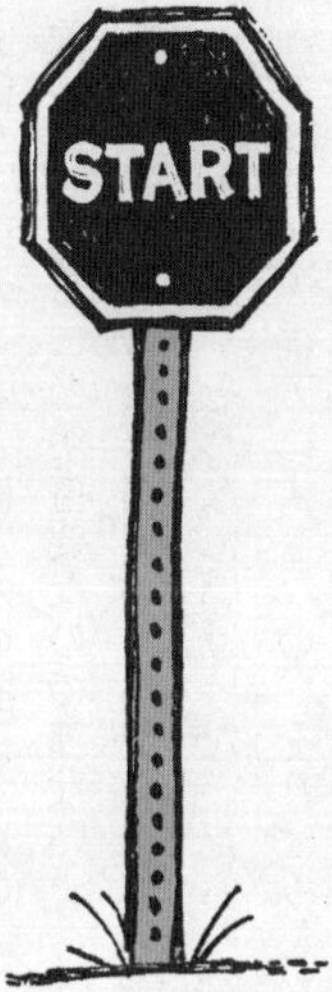

始めよう

まずは作り始めよう

「イーベイと同じことを考えていたんだ。やってれば億万長者だったのになあ！」などと言う友人が一人はいるだろう。この論理は痛々しい妄想だ。イーベイのアイディアと、実際にイーベイを作り上げることとはなんの関係もない。何をしたかが重要なのであって、考えたり、言ったりすることが重要なのではない。

あなたのアイディアにはそんなに価値があるだろうか。売ってどれだけの儲けになるか試してみることだ。たぶん、そんなに儲けはないだろう。作り始めるまであなたのすばらしいアイディアはアイディアにすぎない。それはみんな持っているものだ。

スタンリー・キューブリックは、映画監督の卵たちに「カメラとフィルムを持ち出して、なんでもいいから映画を撮れ」とアドバイスする。キューブリックは、不慣れなら作り始めることが必要だと知っている。一番重要なのは、始めることだ。だからカメラを手にとり、録画ボタンを押し、撮り始めなければならない。

アイディアなんて安いし、いくらでもある。最初の売り文句になったアイディアは、ビジネスの中ではほとんど無視できるぐらいに小さい。核心は、一体どうやって成し遂

「時間がない」は言い訳にならない

げるのかにある。

「時間がない」は言い訳にならない

一番多い言い訳は「時間がない」だ。会社を立ち上げたい、楽器を学びたい、発明を売り込みたい、本を書きたい、しかし十分な時間がない、と人は言う。

そんなわけはない。正しく使えば時間はあるものだ。仕事をやめなければと考える必要もない。普段の仕事をしながら、夜中にプロジェクトをスタートさせればいい。テレビを見たり、オンライン・ゲームをするかわりに、アイディアをまとめよう。一〇時に寝るかわりに、一一時に寝よう。徹夜しろとか一日一六時間働けとは言っていない。毎週数時間を絞りだすということだ。何かを始めるには、これで十分だ。

始めてみれば、興奮と興味が本物なのか、それとも言ってみただけだったのかがわかる。うまくいかなかったら、今までと同じように毎日働けばいい。ちょっとした時間以外はリスクもなく、何も失わないので、おおげさな話にはならない。

何か本当にしたいことがあれば、他にやることがあろうとも時間を作る。残念なことに、多くの人はそれほどではないのだ。そして彼らは時間を言い訳にして自尊心を守ろ

一線を画す

うとする。言い訳してはいけない。夢を実現するのは、完全にあなたの責任なのだ。そのうえ完璧なタイミングは決して到来しない。いつも若すぎたり、年をとりすぎたり、忙しかったり、金がなかったり、その他いろいろだったりする。完璧なタイミングのことばかり考えていても、それは絶対にやってこない。

一線を画す

前進する際に、なぜそれをしているのかを常に念頭に置いておこう。すばらしいビジネスは単なる製品やサービスではなく、「視点」を持っている。何かを信じなければならない。気骨が必要だ。何のために戦うのかを知り、それを世界に示す必要がある。いかにスーパーファンをひきつけるか、それが強力な足場となる。彼らは、あなたに注意を向けて、あなたを守ってくれる。どんな広告よりも広範囲に、熱心に、あなたたちを宣伝してくれる。

顧客の意見はいいことばかりとはかぎらない。何人かは追い払うことになるだろう。彼らは、傲慢で高飛車だとあなたを責めるだろう。それも人生だ。愛してくれる人がいれば、憎む人もいる。誰もあなたの言うことに腹を立てないのなら、おそらく押しが足りないのだ（たぶんつまらないのだろう）。

多くの人が、僕たちの製品は競合他社より機能が少ないといって嫌っている。彼らのお気に入りの機能をいれるのを拒否すると、彼らは侮辱されたと思う。しかし僕たちは、自社の製品がやっていないことを、やっていることと同じぐらい誇りに思っている。

僕たちは製品をシンプルにデザインした。多くのソフトウェアは、機能が多すぎ、ボタンが多すぎ、曖昧《あいまい》で、複雑すぎると考えたからだ。だから正反対のソフトウェアを作った。僕たちの作ったものがすべての人に合っていなくてもいい。残りのみんなが僕たちの製品を大好きになってくれるなら、僕たちはすすんで顧客の一部をすてる覚悟を持っている。

信じているものが何かをわかっていなければ、すべてが議論の対象になってしまう。すべてに議論の余地がある。しかし何か拠《よ》って立つものがあれば、決断は明らかになる。

たとえば、ホールフーズ（オーガニック・スーパーマーケット）は最高級の自然食や有機食材を売るという信念に立脚している。彼らは何がいいかと考え続けて時間を無駄にしたりしない。誰も「この人工香味料入りの商品を売るべきか？」なんて尋ねない。話し合いの余地はない。答えは明白だ。これがこの店でコーラやスニッカーズを買えない理由だ。

この信念により、ホールフーズの食品は他より高価なものになる。これをひどく嫌う

LIVE IT OR LEAVE IT!

本気で取り組め。
さもなくば去れ！

人々はこれをぼったくり呼ばわりし、ここで買い物をする人たちをバカにする。しかしそれがなんだ？　ホールフーズはとてもうまくやっている。

もう一つの例は、僕たちのシカゴのオフィスから通りを下ったところにあるヴィニーズ・サブ・ショップだ。彼らは完璧な自家製のバジルオイルをサンドイッチにかけてくれる。でも早めに行ったほうがいい。閉店時間をきけば、カウンターの女性は「パンが売り切れたら閉店です」と答えるだろう。

本当に？「はい。私たちは通りを下ったところのベーカリーから朝早く焼きたてのパンを買ってきます。パンが売り切れてしまうと、これはだいたい二時か三時ですが、店を閉めます。午後にパンを仕入れることもできるのですが、朝の焼きたてのパンのように美味しくはありません。パンがよくなければ、少しばかり余分にサンドイッチを売っても意味はありません。少しのお金は、自慢できない食べ物を売ることの埋め合わせにはなりません」

普通のチェーン店より、こういうところで食べたいとは思わないだろうか？

ミッション・ステートメント・インポッシブル

心からの信念と、企業理念の能書きとでは雲泥の差がある。壁に貼るだけの「よりよいサービスを提供します」という標語を知っているだろう。嘘くさく聞こえ、現実とは切り離された言葉。実際の指示ではなく、プレスリリースに聞こえるやつだ。レンタカーのオフィスに立っていると想像してみよう。部屋は寒い。絨毯《じゅうたん》は汚れている。誰も受付にいない。掲示板にピン留めされた、クリップアートの描かれたボロボロの紙切れを見ると、それはミッション・ステートメントで、こう書いてある。

・私たちのミッションは、自動車とトラックのレンタル、リース、販売、その他お客さまのニーズを満たし、ご期待以上のサービス、質、価値を提供することです。
・私たちは、お約束以上の価値をもたらし、正直に公平にお客さま一人一人に応じたサービスを提供し、お客さまに長期的なご愛顧をいただけるように努力します。
・私たちは、私たちの従業員の進歩をサポートし、個人の成長の機会を与え、成功と成果を平等に評価することで、お客さまにひときわすぐれたサービスを提供するようにします。

さらにダラダラと続く。あなたは座ってこれを読みながら、「オレをどんなマヌケだ

プランZ

と思っているんだ?」と思う。紙の上の言葉は、明らかに実体験とはかけ離れている。電話で待たされているときに、あなたがどれほど価値のある顧客なのかを教えてくれる録音の音声と同じだ。おいおい。本当ならばサポートの人間をもっと雇うか、メールのサービスを提供して、三〇分も待たせないようにすべきだ。それができないのなら、何も言わないほうがまだましだ。どれほど私を気にかけているかという自動応答の音声を流さないでほしい。それはロボットだ。いいことだけを言うロボットと、心からの対応の違いくらいはわかっている。信念は書くだけではダメだ。本当にそれを信じ、そのとおりに人生を送ることだ。

外部の資金は最終手段

どこから創業資金を捻出するか、それが最初の問題だろう。そして、その答えは外部からの資金調達だと、みな思い込んでいる。工場やレストランを作るのなら、確かに外部の資金が必要かもしれない。しかし大多数の企業は、高価なインフラを必要としない。特に最近は。

僕たちはサービス経済の世界にいる。サービスのビジネス(コンサルタント、ソフトウェア企業、ウェディング・プランナー、グラフィック・デザイナー、その他大勢）は、大きな運営資金を必要としない。その手のビジネスなら、外部の資金は避けることだ。

どんなビジネスに乗り出すにせよ、外部の資金はできるだけ少なくしよう。「他人の金を使える」というのはすばらしいことに聞こえるが、そこには以下のような罠がある。

コントロールを失う

資金を外部の人間に頼るなら、彼らに応える必要がある。みんなが賛成している間はともかく、将来はどうだろう。他人の注文をこなすために自分のビジネスをスタートさせるのか？　資金を調達すれば、あなたのビジネスではなくなるだろう。

現金化は良質のビジネスの構築を妨げる

投資家は資金がすばやく（通常三年から五年で）戻ってくると期待している。投資家がはやく株を売却し手を引きたがると、長期の持続性は失われる。

他人の金は癖になる

他人の金を使うより簡単なことはない。しかしやがて金を使い果たし、もっと得るために投資家の元に行かなければならない。そのたびに、投資家たちはあなたの会社を少しずつ彼らのものにしてしまう。

基本的に不利な取引になる

スタートしたばかりなら、あなたの立場は弱い。融資を受けるには最悪なタイミングだ。

顧客が後回しになる

顧客ではなく、投資家の求めに応じることにかかりきりになってしまう。

資金調達に注意をそらされる

投資家を探すのは難しく、疲れのもとだ。説得のための会議、法的な駆け引き、契約などに何カ月もかかる。すごいものを作ることに集中すべきときに、これはたいへんな雑音だ。

つまり、割に合わないのだ。この道を行って後悔しているビジネスオーナーから、僕

それは本当に必要？

たちは繰り返し話を聞いている。彼らの語る投資後遺症の物語はこうだ。まず素早く投資の話が持ち上がる。しかし投資家や取締役会と打ち合わせを始めると、「おいおい。何だか困ったことになったぞ」となる。そして今や別の誰かが牛耳っているのだ。罠に頭をつっこむ前に、別の道を探そう。

必要なものは思ったより少ない

本当に一〇人必要だろうか？　今は二、三人でできるのではないだろうか？

本当に五〇万ドル必要だろうか？　五万ドル（あるいは五〇〇〇ドル）で今は十分ではないだろうか？

本当に六カ月必要だろうか？　二カ月で作れないだろうか？

本当に大きなオフィスが必要だろうか？　しばらくオフィスを共有（あるいは自宅で作業）できないだろうか？

本当に倉庫が必要だろうか？　小さな保管庫を借りるか、完全にアウトソーシングすればいいのではないだろうか？

本当に広告枠を買ったり、ＰＲ会社を雇ったりする必要があるだろうか？　注目をひく他の方法があるのではないだろうか？

本当に工場を建てる必要があるだろうか？　製品を作ってくれる人を雇えばいいのではないだろうか？

本当に会計士が必要だろうか？　会計ソフトを使って自分でやれないだろうか？

本当にＩＴ部門が必要だろうか？　アウトソーシングできないだろうか？

本当にフルタイムのサポート人員が必要だろうか？　自分で問い合わせに対応できないだろうか？

本当に店舗をオープンする必要があるだろうか？　オンラインで売れないだろうか？

本当に洒落た名刺やレターヘッドやカタログが必要だろうか？　なくてもすむのではないだろうか？

もうおわかりだろう。いずれ実際に大金のかかる道を行く必要があるとしても、それは今ではない。

質素でも何の問題もない。最初の製品をリリースしたとき、僕たちは安上がりにやった。自分たちのオフィスはなく、他の会社と共有していた。サーバーも一つしかなかった。広告は打たず、オンラインで僕たちの経験を共有することでプロモーションした。

スタートアップ

顧客のメールに答える人を雇わずに、僕たちが自分で返事した。すべてがうまくいった。偉大な企業はいつもガレージからスタートしている。あなたの会社にもできる。

新興企業《スタートアップ》ではなく企業を始めよう

新興企業。これは企業の特別な種族で、たいへんな注目を浴びる（特に技術系の業界では）。

スタートアップとは不思議な場所だ。そこでは経費は他人の問題だ。そこでは、収入という煩わしいことは問題ではない。そこでは、自分で稼ぐ方法を見つけるまで他人の金を使わせてもらえる。そこでは、ビジネスの論理は関係ない。

この不思議な場所の問題は、それがおとぎ話の世界だということだ。すべてのビジネスは、新しかろうが古かろうが、マーケットの力と経済のルールに支配される。収入があり、支出がある。利益を出せなければ、去るだけだ。

スタートアップはこの現実を無視しようとする。スタートアップは、避けられないこと（すなわち彼らのビジネスが成長して利益を上げ、本物の持続可能なビジネスにならなければならないこと）をできるだけ後回しにしようとする人々によって経営されてい

you need a
COMMITMENT
STRATEGY
→NOT←
AN EXIT
STRATEGY

出口戦略？　必要なのは成功のための戦略だ

る。

ビジネスに対して「利益を上げる方法は将来見つける」なんて態度をとる人は話にならない。ロケットを建造するのに「とりあえず重力はないことにしましょう」と言って始めるようなものだ。利益にいたる方針のないものはビジネスとは言わない。それは趣味だ。

だからスタートアップというアイディアに頼ってはいけない。そのかわり、本物のビジネスを始めよう。現実のビジネスは、請求書や給与のような現実のことがらを相手にしなければならない。現実のビジネスは、一日目から利益を気にかける。「問題ないよ。我々はスタートアップなんだ」などと言って深刻な問題を無視しない。実際の企業として振舞えば、より成功に近づくだろう。

売却するつもりのビジネスは廃却されることになる

よく耳にするもうひとつの質問は「どういう出口戦略ですか？」だ。スタートした直後にすら聞かれることがある。やめ方をわかっていないと何かを作り始めることすらできない人たちとは何なのだろう？　何を急いでいる？　飛びこむ前から出ていくことを考えているのならば、優先順位がおかしくなるのは目に見えている。別れることを考えて異性と付き合うのか？　最初のデートで婚前契約書を書くのか？　結婚式の朝に離婚弁護士に会うのか？　バカバカしいだろう？

必要なのは、出口戦略ではなく関わっていくための戦略だ。船から逃げ出す方法ではなく、プロジェクトを成長させ、成功させる方法を考えるべきだ。やめることを前提にした戦略では、そもそもチャンスがあっても成功できないだろう。

とても多くの野心的なビジネスが売却に希望を託しているだろう。しかし買収される確率はとても低い。どこからか大物の求婚者がきて、すべての苦労が報われるチャンスなどほとんどない。たぶん千にひとつ？　万にひとつ？

買収されたいと思って会社を作ると、間違ったことを強調してしまう。顧客に愛されることより、会社を買ってくれる人のほうを気にする。間違ったことにこだわってはいけない。

このアドバイスを無視して、ビジネスを売れる立場になったとしよう。ビジネスを立ち上げ、売却し、大金を手に入れる。そしてどうする？　どこかの島に行って、毎日ピニャコラーダをすする？　それで本当に満足だろうか？　金だけがあなたを幸せにしてくれるのだろうか？　信じているビジネスを楽しみながら経営するよりそのほうがいい

LEASE
リース
LONG-TERM CONTRACTS
長期契約
INVENTORY
在庫
MEETINGS
会議

と感じるものだろうか？

これが、ビジネスを売却したオーナーが、引退から半年でゲームに戻ってくる理由だ。彼らは手放したものを懐かしく思っている。そして多くの場合、彼らのビジネスは最初よりずっと劣っている。

そんな人間になってはいけない。何とかいい仕事をしているなら、やり続けるのだ。チャンスは何度も巡ってはこない。大切なビジネスならばなおさら取り逃さないことだ。

身軽でいること

身軽であるというアイディアを受け入れよう。今このとき、あなたは最も小さく、最も無駄がなく、最も速い。ここからだんだん鈍重になっていく。そして物事が身軽ではなくなるにつれ、方向を変えるのにより大きなエネルギーが必要になる。ビジネスの世界でも、物理の世界とおなじだ。

身軽さはこんなことで失われていく……

・長期契約

・過剰人員
・固定した決定
・会議
・鈍重なプロセス
・在庫（物理的なものであれ精神的なものであれ）
・変更できないハードウェア、ソフトウェア、技術
・長期ロードマップ
・オフィスの政治

できるだけこれらを避けるべきだ。そうすれば、必要なときに方向を簡単に変えられる。変更にお金がかかればかかるほど、やりづらくなる。

巨大な組織は軸を変えるのに何週間も何カ月も何年もかかる。行動するかわりに会議をして、実行するかわりに打ち合わせをする。しかし身軽でいれば、ビジネスモデル、製品、機能一覧、マーケティング・メッセージ、なんでもすばやく変えることができる。ミスをおかしても、すぐに直せる。優先度も、製品の構成も、フォーカスも変えられる。そして最も重要なことは、自分の考えを変えることができるのだ。

LESS
IS A
GOOD
THING

少ないことは
良いことだ

進展

制約を受け入れる

「私には十分な時間も、お金も、人脈も、経験もない」と嘆くのはやめよう。少ないことは良いことだ。制約は見方を変えれば武器である。資源が制限されると、それでなんとかしなければならなくなる。そこには無駄の余地はなく、創造性が求められるのだ。

囚人が石鹸やスプーンで作った武器を見たことがあるだろうか？　彼らは手に入るものだけで目的を果たす。誰かを刺すべきだなんて言っているのではないが、創造性を持つことで驚くべき結果を得られるだろう。

作家は常に創造力を発揮するために制約を利用する。シェイクスピアは、ソネット（弱強五歩格の一四行の叙情詩）の制約をふんだんに使った。俳句やリメリックにも創造性を高めるような厳しい制約がある。アーネスト・ヘミングウェイやレイモンド・カーヴァーのような作家は、単純でわかりやすい言葉を作品に使うルールを自分に強いることで、作品に最大のインパクトを与えることを心得ていた。

サウスウエスト航空は、様々な航空機を持つ他の航空会社とは異なり、ボーイング737の航空機のみを使っている。それによって、サウスウエスト航空のパイロットや客室乗務員、地上勤務員は、どのフライトにも対応できる。さらに、飛行機の部品は他のどの飛行機にも流用できるので、そうしたことがコストの削減や、経営のシンプルさにもつながっている。

僕たちがベースキャンプのサービスを立ち上げた当初も、多くの制限があった。僕たちの会社には既存のクライアントの仕事があったし、主要メンバーの時差（デイヴィッドはデンマークでプログラミングをしていたが、残りのメンバーはアメリカにいた）、チームの規模の小ささ、外部の資金調達がないという状況があった。そうした制約により、僕たちのサービスはシンプルにせざるを得なかった。

以前に比べると最近は使える資源もスタッフメンバーも増えたものの、僕たちはまだみずからに制約を課している。一度にサービスに携わる人間は、一人もしくは二人だけにしているのだ。そして、常にサービスの機能は最小限にとどめている。このように自

69 進 展

YOU'RE BETTER OFF
with a
KICK-ASS
HALF
than a
HALF-ASSED
WHOLE

中途半端な一つより
良くできた半分を

身に制約を課すことで、曖昧な形のサービスを生み出さないようにしているのだ。あれがない、これがないと嘆く前に、今自分ができることは何なのかを考えてみよう。

中途半端な一つの製品より、良くできた半分の製品

多くのすばらしいアイディアも、一度に実現しようとすると一気にくだらない製品になってしまうことがある。やりたいことのすべてはなかなかできないものだ。時間、資源、能力、そして優先順位と制限はつきものだ。一つのことでも完璧にすることは難しい。同時に一〇個のことをうまくやる？　そんなことは忘れたほうがいい。

より良いもののためには、愛着あるものをいくつか犠牲にしないといけない。やりたいことを半分にするのだ。中途半端な完成品より、機能を半分に絞っても中身の良い製品のほうがいいに決まっている。量より質だ。

一度見通しを立てると、すばらしいアイディアのほとんどはそこまですばらしいものではなくなる。もしそれらのアイディアが本当に魅力的なものであれば、後からでもやることができるはずだ。

多くのものは小さくすればするほどよくなる。映画監督は、すばらしい映画を作るた

START
芯から始める

めによいシーンであってもカットする。ミュージシャンは、すばらしいアルバムを作るために良い曲を取り除く。作家は、すばらしい本を作るために良い文章を削除する。僕たちもこの本を作る際に、第二稿から最終稿の間に半分のボリュームにした。実際により良いものになっているはずだ。

だから、どんどん削ぎ落としていくのだ。すばらしいスタートが欲しいのならばいい素材を見分ければいいのだ。

芯から始める

まったく新しいことを始めるとき、様々なことに引き裂かれる。できること、やりたいこと、そしてやらなければならないこと。やらなければならないことからとりかかるべきだ。芯からスタートしよう。

たとえば、ホットドッグの屋台を始めるなら、香辛料、カート、名前、デコレーションと、いろいろ心配することがあるだろう。しかし、まず一番に考えるべきことはホットドッグだ。ホットドッグこそが芯の部分。他の部分は後で考えればいい。

芯の部分を見つけるには、「もしこれを手放しても、自分が売るものはまだ残ってい

まずは基礎から

るか？」と自身に問いかけることだ。ホットドッグ屋台は、ホットドッグがなくてはホットドッグ屋台ではない。玉ねぎや調味料、マスタードなども取り除くことはできる。中にはトッピングのないホットドッグは嫌いだという人もいるかもしれないが、まだホットドッグ屋台と言える。だが、ホットドッグがなければホットドッグ屋台は絶対に成り立たない。

芯の部分を見つけ出すのだ。どの部分が削ってはいけないところなのか？　これやあれがなくてもやり続けていけるのであれば、それらの部分は芯ではない。それを見つけたとき、「これだ」と思うだろう。そうしたらその部分を最大限に引き出すべく、エネルギーをすべて注力するのだ。あなたのすることはすべて、その原則に基づいていなくてはならない。

初めのうちは詳細を気にしない

建築家は、階の設計が終わるまでシャワーにどのタイルを使うか、また台所にどのメーカーの食器洗浄機を置くかなんてことは気にしない。そうした細かなことは後で決めたほうがいいと彼らはわかっているのだ。

アイディアに関しても同じアプローチが必要だ。細かな部分から違いは生まれる。だが、そこにあまりに早い段階で本腰を入れると、意見の不一致が生まれ、会議が頻発し、そして計画に遅れが生じる。問題ではないところに気を取られてしまい、結局は変化していくようなことに対する決断に無駄な時間を費やすことになるのだ。しばらくの間は細かいことは気にしないことだ。まずは根本的なところを固めて、特殊なところはあとで考えればいい。

僕たちが何かをデザインするとき、普通のボールペンを使わずに、「シャーピー」という大きな太線のマーカーを使ってアイディアを描く。なぜか？　普通のペンでは、あまりに細すぎて、はっきりと映りすぎるのだ。影を完璧にしないといけない、点線を使うか破線を使うかなど、まだ気にしなくてもいいようなことにも気がいってしまう。

ウォルト・ディズニー・スタジオの作画指導担当だったウォルト・スタンチフィールドが、アニメーターにまず推奨していたのが「ディテールは忘れろ」ということだった。その理由は一つ。初期の段階ではディテールから得られるものがないからである。

実際に作り始めるまで、本当に大切なディテールに気づけないことは多い。そのときこそ、何に注目すべきか考えるときだ。本当に足りないのは何かを知ることができるそのときこそ、ディテールに目を向けるときなのだ。

DECISIONS are PROGRESS

決断とは前進だ

決断することで前に進む

はっきり決断しないと、仕事は山積みになってしまう。そうした山は、無視されたり、急いで処理されたり、放り出されたりする。そして結局、そうした山の各々の問題は、解決されないままになるのだ。

できるだけ「これについて考えよう」ではなく「これについて決断を下そう」と思うことだ。決断する姿勢を持つことだ。完璧な解決を待たず、決断して前進するのだ。決断に決断を重ねる流れに入ると、勢いが生まれ、モチベーションも高まる。決断は進歩だ。あなたが決めた一つ一つのものは、あなたの土台の一部となる。「あとで決める」を積み重ねていくことはできないが、「決断したこと」を積み重ねていくことはできるのだ。

問題が起こるのは、後に完璧な答えが得られるだろうと期待して決断を先延ばしするときだ。完璧な答えはやってこない。明日決断するも今日決断するも同じだ。

僕たちの例を出してみよう。長い間、僕たちは自分たちのサービスにアフィリエイトプログラムのサービスの導入を避けてきた。「完璧なソリューション」はあまりに複

雑に見えたからだ。支払いの自動化、小切手の郵送、海外のアフィリエイトのための海外の税制の理解など、多くのことを考えなければならなかった。そんな状況を打破したのは、僕たちがこう自問したことだった。「自分たちが今簡単にできることは何だろうか」。答えは、現金ではなく、ポイント還元のサービスだった。僕らはそれにしたがった。

しばらくそのアプローチでやっていたが、やがて現金のサービスに変えた。一回決めたことは永遠ではない。間違えたのなら後でやり直せる。

どれほど計画しても、間違ってしまうことはある。あまりに分析しすぎて、進みだす前に先送りしてしまい、事態を悪化させるようなことをしてはならない。長い期間のプロジェクトでは、モチベーションが下がるものだ。開発に時間がかかればかかるほど、それはリリースしづらくなる。モチベーションが高く、勢いがある間に、決断し、前進しよう。

キュレーターになれ

一つの部屋に世界中の芸術作品を置くだけでは、博物館とは言えない。それは、倉庫だ。博物館をすばらしいものにするのは、壁に何が掛かっていないかなのだ。キュレーターには何を残すか、何を取り去るかを決める役割がある。いわゆる編集のプロセスだ。壁に掛けられているものよりも掛けられていないもののほうが多い。一番いいのは、あらゆる可能性が見えるものの集まりであることだ。

大切なのは除外したものである。だから、常に取り除き、シンプルにし、合理化するよう努めよう。キュレーターになろう。何が真に必要かにこだわるのだ。一番大切なものだけが残るまで削ぎ落としてそれを繰り返していくのだ。もし必要ならば、後で追加できるのだから。

ジンガーマンズは、アメリカで最もよく知られているデリの一つだ。各店長たちは自分たちをキュレーターと考えている。彼らはただ棚に商品を置くだけではない。彼らは常に適切に取捨選択しているのだ。

ジンガーマンズのオリーブオイルにはすべて存在理由がある。彼らはどのオリーブオイルもすばらしいと信じている。彼らは供給業者と何年も深く付き合い、現地を訪れ彼らとともにオリーブを収穫する。だからこそ、オイルの香りと品質を保証できるのだ。

たとえば、ジンガーマンズの店長がパソリヴァ・オリーブオイルを彼らのウェブサイトでどのように説明しているか見てみよう。

私はこのオイルを数年前に初めて味わった。無作為のサンプルからね。素敵なボトルや、とても共感の持てるストーリーのあるオイルはたくさんある。これもそうだった。だが多くはそんなにすばらしいものではない。一方、パソリヴォは、味わってすぐに私の関心を引いた。力強く、豊かでフルーティー。私が好きなすべてのものが嫌みもなくオイルの中にある。いまだにそれは、トスカーナの田舎で取れるオリーブオイルにも引けを取らない、アメリカの最高のオイルの一つなのだ。一押しの品。

店主は実際にオイルを味わい、その味をもとに店に置くことを決めた。パッケージやマーケティング戦略、値段で決めたわけではない。決め手は品質だ。彼は実際に試し、店に置かなければならないと悟った。そうしたアプローチこそ、見習うべきなのだ。

やることを減らす

料理人ゴードン・ラムゼイの番組『キッチン・ナイトメア』を見てみよう。失敗するレストランのメニューには、あまりに多くの品が載っている。店主は、あらゆるメニューを用意すれば、レストランは広く知られるようになると思ったのだろうが、実際には(メニューを見て頭痛を起こすような)魅力のない食べ物に見えてしまう。

だから、ラムゼイはいつもメニューの品を少なくすることから始める。たいてい三〇以上のメニューを一〇まで減らすのだ。考えてみよう。現状のメニューをよくすることが最初ではない。まずはメニューを減らすところから始める。そして、残ったものを磨いていくのだ。

物事がうまくいかないと、人はその問題にさらに多くの人、時間、資金をつぎ込もうとする。だが、そうすると問題が大きくなってしまう。進むべき正しい道は逆の方向、すなわち減らすことだ。

やることを減らすのだ。減らしても、あなたのプロジェクトは想像するほど深刻な事態にはならないはずだ。最終的にはさらに良いものを作るいい機会でもある。何が本当に重要か徹底的に見極めよう。

締め切りを延ばし予算を増やしたところで、きりがない。

FOCUS ON WHAT WON'T Change

変わらないものに目を向けよ

変わらないものに目を向ける

多くの会社は「次の大きなこと」に目を向けている。人気が急上昇しているもの、新しいものに金をつぎ込み、最新のトレンドや技術に飛びつくのだ。

それは愚かな戦略だ。ものそのものではなく、流行という常に変わり続けるものだけに焦点を絞ることになる。

ビジネスを立ち上げるなら、その核は変わらないものであるべきだ。人々が今日欲しいと思う、そして一〇年後も欲しいと思うもの。そうしたものにこそ力を投入すべきだ。

アマゾン・ドットコムは、迅速な（無料の）配送、選び抜かれた品々、安心な返品の仕組み、そして手ごろな価格に焦点を置いている。こうしたものにはいつも高い需要がある。

日本の自動車会社もまた、その根本の方針としては信頼、手軽さ、実用性といった変わらないものを追求している。人々はそうしたものを三〇年も前から、今も、そして三〇年後も欲しているはずだ。

僕たちの会社が焦点を当てているものは、早さ、シンプルさ、使いやすさ、わかりや

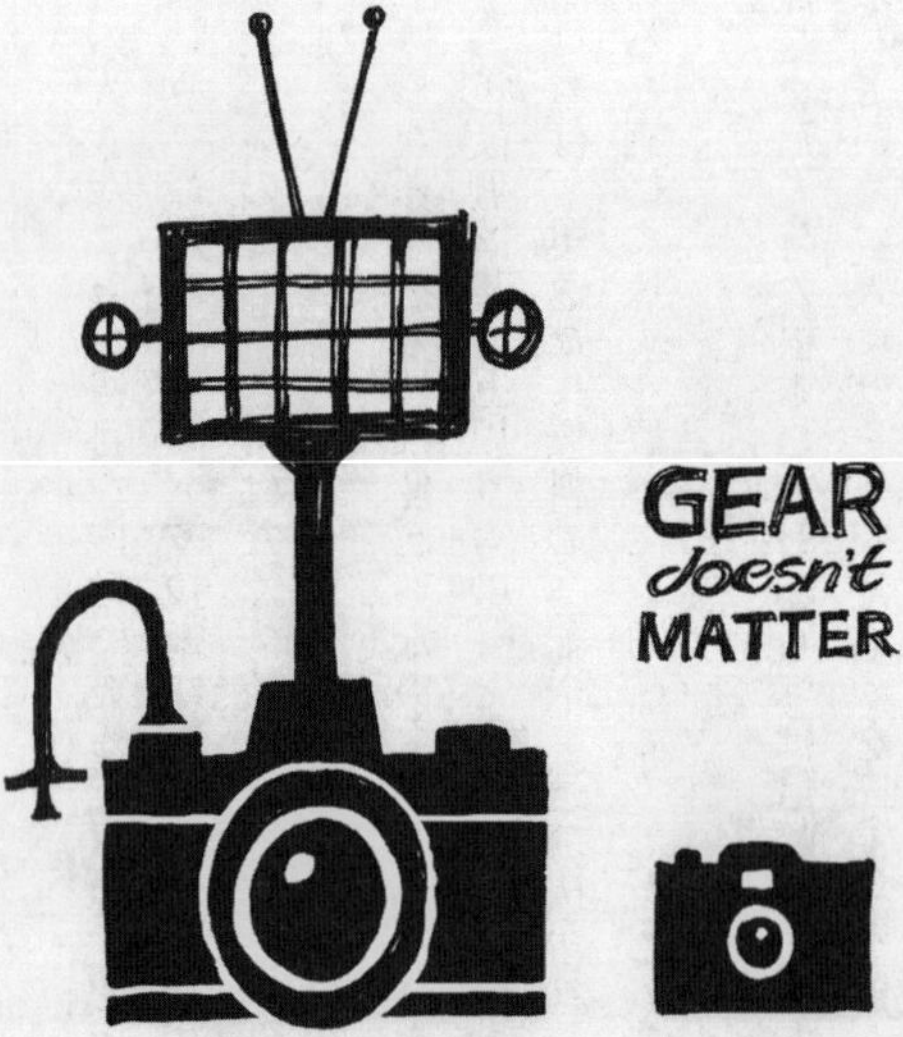

大切なのは道具《ツール》じゃない

すさだ。それらは、ずっと変わらない要望だ。一〇年後、「使いにくいソフトウェアが欲しい」という人はいないし、「もっと遅いアプリケーションがあればなあ」という声も聞かないだろう。

流行は去り行く、という事実を忘れないでほしい。変わらない機能に焦点を当てれば、時代遅れなんて言葉はまったく関係がなくなるはずだ。

ツールよりも中身が大事

ギターのプロたちの言い回しで「音は自分の指の中に」というものがある。エディ・ヴァン・ヘイレンと同じギターや、エフェクト・ペダル、アンプをそろえてみても、いざ演奏すると、あなた独特の音になるのだ。

同じように、質屋で手に入れた質のよくないギターセットを使ってエディが演奏しても、その音を聞けばエディが演奏しているとわかるはずだ。高級なギターは演奏の助けになるかもしれないが、結局は音は自身の中からしか出てこないのだ。

誰にもありがちだが、ツールに没頭するあまり、やるべきことを忘れてしまうことがある。変わった書体や高価なフォトショップの特殊効果を駆使しながらも、伝えるものが何もないデザイナー。フィルムとデジタルのどちらが良いかについて延々と議論をするものの、真に写真をすばらしくするものに注目しないアマチュア写真家。この手の話はありふれている。

多くのアマチュアのゴルファーは、高価なクラブが必要だと思っている。だが、大切なのはクラブではなく、スイングだ。タイガー・ウッズに安物のクラブを渡したとしても、あなたが徹底的に打ちのめされるのは目に見えている。

人は道具を心の支えとして使う。打ちっぱなしの練習場に時間を費やしたくないので、金をプロショップへつぎ込む。人は近道を探しているのだ。だが、うまくなるために世界最高の道具が必要かと言えばそうではない。何かを始めるためにも必要ではない。

ビジネスの世界では、本質的な問題から目をそむけ、ツールや、ソフトウェアの細かなテクニック、スケールの問題、高価なオフィス空間、豪華な備品といったどうでもいいことに心酔する人があまりに多すぎる。本当に重要なのはどのように顧客を増やし、利益を増やすかということなのに。

また、ブログやポッドキャスト、動画をビジネスに組み込みたいと考えているが、どのツールを使うか迷いすぎる人もいる。重要なのはその中身なのだ。多額の費用を使って高価な設備投資をしても、伝えるものが何もなければ意味がないのだ。

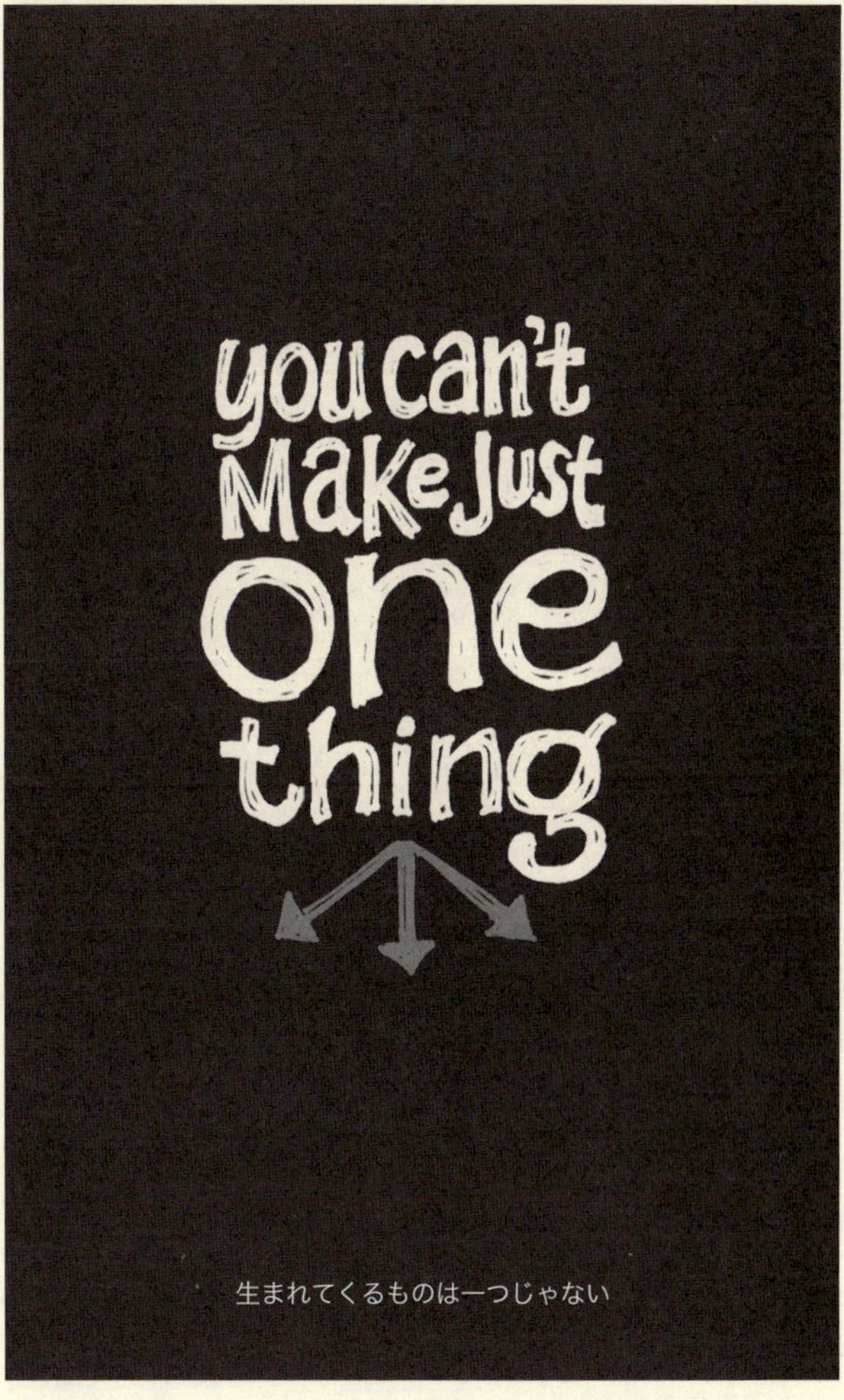
you can't
Make Just
one
thing

生まれてくるものは一つじゃない

すでに持っているものや、安く手に入るものをフル活用しよう。大切なのは道具ではない。できることから、持っているものでやっていく。そう、音は自分の指の中にある。

副産物を売る

何かを作るとき、実は何か別のものも生まれている。決して生まれてくるものは一つではないのだ。どんなものにでも副産物がある。すぐれた洞察力を備え、創造的なビジネス・マインドを持った人は、こうした副産物に注目し、チャンスを見出すのだ。

材木業界は、かつて捨てるだけだったおがくずや、チップ、細かな木々を売り、かなりの収益をあげている。こうした副産物は、暖炉の薪や、コンクリート、接ぎ木、パーティクルボードや燃料など、様々なところに見られる。

だが、あなたは製造関係に携わっていないかもしれない。そのような状況では、副産物に焦点を当てるのは難しい。材木業者は無駄にしていたものが目の前にあった。自身のおがくずを無視できなかったのだ。だが、あなたにはそれに気づくどころか、見つけるのさえ難しい。おそらく副産物を生み出していることすら考えないだろう。だが、それでは視野が狭すぎる。

僕たちがこの本以前に出版した『ゲッティング・リアル』はまさに副産物だった。知らず知らずのうちに本を執筆していた、と言ってもいい。会社を立ち上げ、ソフトウェアを作ったのも、日々の実務から出てきたものだった。僕たちは、その知識をまずはブログの投稿で、そしてワークショップの連載で、そしてPDFファイルに、最終的に本に書きつづったのだ。その副産物として、直接的に一〇〇万ドル以上、またおそらく間接的にはさらに一〇〇万ドル以上が会社に入ってきた。今読まれているこの本もまた副産物なのだ。

ロックバンドのウィルコは、レコーディングの段階で価値ある副産物を見つけた。彼らは、アルバム制作を映像に残し、『ウィルコ・フィルム』というドキュメンタリーをリリースしたのだ。そこには、バンドの制作過程と葛藤があますところなく映し出されていた。彼らは、その映像から収益を得ただけでなく、その映像がさらに多くのファンを獲得する布石となったのだ。

ヘンリー・フォードは、T型自動車の製造に使った木の切れ端を再利用して豆炭を生産するプロセスを開発した。彼は、炭の工場を設立し、フォード・チャコール社が誕生した（のちにキングスフォード・チャコール社と改称）。今日でも、キングスフォードは、アメリカの炭製造の主要企業である。

GET
IT OUT
THERE!
出してみよう！

ソフトウェア会社は普段、本を書くことなど考えない。バンドは普通、収録の過程を撮影しようとは考えない。自動車製造会社は普通、炭を売ろうなどと考えもしない。おそらく、売れるかもしれない何かをあなたも作っているだろう。

いま、始める

いつ商品やサービスが完成するのか？　いつそれを市場に出せばいいか？　いつそれが人々に行き渡るのがいいのだろうか？　おそらく、それはあなたが「よし」と思うよりずっと早い時期だろう。商品が最低限の要件を満たしているなら、今すぐ世に出すべきだ。

やるべきことがまだ残っているからといって、何も終わっていないということではない。少し積み残しがあるだけで、何でもかんでも手元に残すことはない。後でやればいい。後でやるということは、さらに良くするということでもある。

こう考えてみよう。二週間でビジネスを立ち上げないといけない場合、何を切り捨てていくか？　焦点を当てるべきことがこれで一目瞭然だ。必要のないものが大量にあることに気づくいい機会だ。そして、やるべきことがはっきりとしてくる。締め切りが決まれば、はっきりと見えてくるものがある。それが「自分たちに必要ないものはこれだ」という直感を得る最善の方法だ。

立ち上げるために必要のないものはこの時点では無視するのだ。今必要なものを作り、詳細は後回し。真剣に考えると、最初に必要のないものは結構ある。

僕たちがプロジェクト管理ソフト「ベースキャンプ」を立ち上げた当時、顧客に請求書を送ることとすらできなかった。サービスは月ごとの請求であったため、三〇日以内に請求の問題を解決しなければならない。これで締め切りが見えた。立ち上げの前には一日目に重要な問題の解決に時間を使った。三〇日目のことは後回しでよかったのだ。

靴のブランドであるカンペールがサンフランシスコ店をオープンしたとき、店はまだ完成しておらず、「工事中《ワーク・イン・プログレス》」のかわりに「歩行中《ウォーク・イン・プログレス》」と呼んでいた。客は店の壁に絵を描くことができ、カンペールは、靴箱を重ねた上においたベニヤ板に靴をディスプレイした。するとどうだろう。一番多かった顧客からのメッセージは「店をこのままにして」だった。

同じように、日用雑貨のクレート・アンド・バレルの創始者も初めての店をオープンさせるとき、高価なディスプレイを作らず、商品が入った木箱《クレート》と樽《バレル》をひっくり返して、その上に製品を積み重ねた。

勘違いしてはいけないが、決して手を抜くということではない。あなたは良いものを作り出したいはずだ。ただ、このアプローチによって、そうした理想へたどり着くには繰り返しが一番だ、ということがわかる。何が一番良いか想像するのはやめ、現実を見出すのだ。

GET REAL!

形にしてみよう！

生産性

書類上の合意は幻想

ビジネスの世界には、役に立たないどころか自分たちの時間を無駄にする用済みの書類が散乱している。誰も読まないレポート、誰も見ない図表、完成品とまったく似つかない仕様書。これらの書類を作成するのには果てしなく時間がかかるが、忘れるのには数秒しかかからない。

何かを説明する必要があるときは、形にしてみよう。それがどのように見えるかを説明するかわりに、その絵を描こう。それがどのように聴こえるかを説明するかわりに鼻歌を歌ってみよう。積み重なった抽象概念の層を取り除くために、できることはすべてやってみるのだ。

レポートや書類のような抽象物の問題は、合意したという幻想を生み出すことだ。何百人もの人が同じ言葉を読むことができるが、頭の中では何百もの異なったことを想像している。

だからこそ形にすることは大切なのだ。そのときに真の理解は得られる。たとえば同じ本を読んでも、ひとりひとりが頭の中に異なった登場人物像を思い描く。でも僕たちが実際に人を見るとき、彼らがどんな姿なのかは誰の目にも明らかだ。

アラスカ航空が新しい「未来の空港」を建設しようとしたとき、設計図とスケッチには頼らなかった。アラスカ航空は倉庫を用意して、段ボールでチケットカウンター、売店、ベルトコンベヤーの原寸模型を造った。それからチームは実際の乗客と従業員でシステムのテストをするため、アンカレッジに小さなプロトタイプを建造した。この「形にしてみるプロセス」から出てきたデザインは、乗客の待ち時間を著しく削減し、従業員の生産性を高めたのだ。

名高い家具職人のサム・マルーフは、椅子のすべての詳細を設計図に書き込むのは不可能だと言う。「しょっちゅうだけど、のみ、やすり、あるいは特定の作業のために必要な道具を使って作り始めるまで、この部分をどうやって作らなくてはいけないかわからないんだよ」と彼は言っている。

これこそ僕たち誰もが進むべき道だ。のみを取り出して、実際に形あるものを作り始めるのだ。それ以外のことはすべて注意をそらすだけだ。

やめたほうがいいことを考える

やらなければいけないと考えていることに取り組むのは簡単だ。顔を上げ、なぜそうしているのだろうかと考えるほうが難しい。

自分が本当に大事な仕事に取り組んでいるかどうか、次のように問い直してみよう。

なぜ行うのか?

なぜ行っているのかはっきりとはわからないけれど、何かに取り組んでいることに気づいたことがあるだろうか?

誰かがあなたにそれを行うようにと言ったから? 実際、それはごく当たり前にあることだ。だからこそ、なぜそれに取り組んでいるのかを自問してみることが重要だ。なんのために行うのか?

誰のためになるのか? その背後にある動機は?

これらの答えを知ることが、その仕事をよりよく理解する助けになるだろう。

どういった問題を解決するのか？

何が問題なのか？　顧客が混乱しているのか？　自分が混乱しているのか？　何かが曖昧なままなのだろうか？

可能でなければいけないことが可能ではなかったのか？

これらの問いによって、想像上の問題を解こうとしていることに気づくかもしれない。いったん立ち止まって一体自分が何をしているのかを再確認してみるときだ。

これは本当に役に立つのか？

何か役立つものを作っているのか、それともただ何かを作っているのか？　熱意と役立つことをはき違えるのは簡単だ。時々遊びでかっこいいものを作ってみるのもいいだろう。でもいずれ立ち止まって、それが役に立っているかを考えなければいけない。かっこよさはすり減っていく。役に立つかどうかはすり減ることがない。

何か価値を加えているか？

何かを加えるのは簡単だが、価値を加えるのは難しい。あなたが取り組んでいることは、本当に商品を顧客にとってさらに価値あるものにしているのだろうか？顧客は以前よりも多くのものをそこから得られるだろうか？価値を加えていると思っているものが、実際には価値を減じていることもある。ケチャップが多すぎるとフライドポテトを台無しにしてしまう。価値とはバランスなのだ。

それは行動を変えるのか？

あなたが取り組んでいることは本当に何かを変えるのだろうか？　製品の使い勝手がそんなに変わらないなら、やめたほうがいいだろう。

もっと簡単な方法はないのか？

物事に取り組んでいるときにはいつでも「もっと簡単な方法はないのか」と自問するべきだ。この「もっと簡単な方法」はときに「そこそこ良いもの」以上であることも多いだろう。問題はたいていとても単純なものだ。僕らが問題には難しい解決策が必要だと想像しているだけなのだ。

かわりに何をすることができるのか？

これに取り組んでいるためにできなくなっていることは何だろう？

これはリソースが限られている小さなチーム、つまり、プライオリティーを決めることがよりいっそう重要になっている状況において特に重要な問いだ。Aの仕事を始めたとして、それでもBとCを四月前に終えることができるのだろうか？

もしそうでないとしたら、AのかわりにBとCに取り組むほうがいいのだろうか？

もし長期にわたって何かにはまり込んでいるとしたら、それは他のことを成し遂げていないことを意味する。

本当にその価値があるのか？

あなたが行っていることは本当にその価値があるのだろうか？　このミーティングには六人を彼らの仕事から一時間引き離す価値があるのだろうか？

この仕事は今夜、徹夜する価値があるのだろうか、それとも明日じゅうに終わらせればいいのだろうか？

競合相手からのプレスリリースにイライラする価値があるのだろうか？　広告に金を費やす価値があるのだろうか？

PRODU INTERRUPTION CTiVITY

生産性が上がらない

思い切って行動に踏み切る前にあなたが行おうとしていることの本当の価値を定めよう。

これらを自分自身に（そして他の人にも）問いつづけよう。公式のプロセスにする必要はないが、なおざりにしてもいけない。

また自分の結論に臆病になってはいけない。すでに多くの労力を費やしていたとしても取り組んでいることを中止するのが正しいこともある。価値のない仕事にさらに貴重な時間をつぎ込んではいけない。

邪魔が入る環境では生産性は上がらない

もしあなたがいつも残業し、週末も働いているとしたら、それはやるべき仕事が多すぎるからではない。それは仕事を「完了」させていないからだ。そしてそうなるのは、仕事に邪魔が入るからだ。

考えてみよう。あなたはいつ最も多くの仕事を「完了」に導くことができるだろうか？　他の多くの人たちと同じように、それは夜か早朝だろう。つまり、誰もまわりにいない時間帯であるというのは驚くにあたらない。

午後二時、普通は会議中だったり、メールを返信していたり、同僚とおしゃべりしたりしている。同僚に肩をポンとたたかれてその場で始まるちょっとした会議は害のないように思えるが、実際には生産性を蝕《むしば》んでいる。作業の中断は協調作業ではなく、ただの中断だ。そして、あなたの仕事が終わらない。

邪魔が入ることで、あなたの勤務時間は「実際に仕事をしている数分の集まり」に分解されてしまう。四五分仕事をすると電話がかかってくる。一五分経つとランチに出かける。一時間後には午後の会議がある。気がついたら午後五時で、仕事を終わらせるための一続きの時間は数時間しかなかった。仕事を始めて、中断、始めて、中断だと重要なことを終わらせることはできない。

あなたはひとりきりモードに入らなければいけない。ひとりだけの長い一続きの時間にこそ生産性は最も高くなる。タスクを行き来して集中を切らさなくともよければ、多くの仕事を終えることができるのだ（インターネットに繋がっておらず外部に気を散らせるものがない飛行機の中だと、どれだけ多くの仕事ができるか気づいたことはないだろうか？）。

このモードに入るには時間がかかるし、邪魔が入るのを避ける必要がある。それはレム睡眠のようなものだ。すぐにレム睡眠に入れるわけではない。まず最初に寝てからレム睡眠への準備が整う。少しでも中断があれば最初からやり直しとなる。レム睡眠中に魔法のような効果が現れるように、ひとりきりモードこそ生産性の魔法の効果が現れるときだ。

ひとりきりモードは真夜中や早朝でなければいけないわけではない。半日はひとりだけの時間のために取っておくという仕事のルールを設定することもできる。午前一〇時から午後二時は(昼食のときを除いて)誰も他の人と話してはいけないことにする。あるいは一日の前半または後半をひとりだけの時間とする。あるいはカジュアルフライデーのかわりに、ノー・トーク・サーズデーを試す。とにかく生産性が損なわれないように、この時間帯は必ず連続した時間とすること。

そしてそれを徹底的に行うこと。「ひとりきりモード」の成功は、コミュニケーション依存症からの脱却を意味する。この間は、インスタントメッセージ、電話、メール、そして会議を断念すること。ただ黙って、仕事に取り組む。どれだけ多くの仕事が達成できるかに驚かされるだろう。

またコラボレーションするときは、電話や会議のような、作業を中断させるコミュニケーションではなく、メールのようにすぐに返信する必要がない受動的なコミュニケー

会議は有害

ション・ツールを使うようにしよう。そうすることで、すぐに手を止めて対応せずとも、自分に都合のいいときに返事をすることができる。

あなたの一日は、仕事の中断に包囲されている。反撃するかどうかはあなた次第だ。

会議は有害

何よりも最悪な邪魔者は会議である。理由は以下のとおり。

- 会議は実際のものではなく、言葉や抽象的な概念に関するものである。
- 通常一分あたりごく少量の情報しか伝達しない。
- 会議の主題は吹雪の中を走るシカゴのタクシーより容易に道からそれる。
- 会議には緻密な準備が必要だが、たいていはその時間がない。
- 誰にも目的がはっきりとわからないくらい曖昧な議題が用意されることが多い。
- 必ず自分の番を得て全員の時間を無駄にするバカが最低ひとりはいる。
- 会議は会議を生み出す。ひとつの会議がもうひとつ別の会議につながり……

会議が一般的にテレビ番組のようにスケジュールされるのも不幸なことである。会議を三〇分か一時間の枠でスケジュールに入れるのは、スケジュールソフトがそのように動くからだ（アウトルックで七分の会議をスケジュールする人を見たことはないだろう）。会議の目的を達成するのに七分しか必要なければ、あなたが使うべき時間はそれだけである。七分を三〇分に引き延ばしてはいけない。

考えてみると、会議の実際のコストは信じ難いものだ。一時間かかる会議を設定し、参加者を一〇人召集したとしよう。これは実際には一時間の会議ではなく一〇時間の会議である。一時間の会議の時間と一〇時間ぶんの生産力を交換しているのだ。そしてそれは、自分が行っていることをやめ、会議に参加するため別の場所に移動し、それから会議の前に行っていたことを再開しようと頭を切り替える精神的負担を考えると、おそらく一五時間ぶんくらいになるだろう。

果たして一時間の会議のために十数時間ぶんの生産力を犠牲にしていいものだろうか？　時々はいいかもしれない。しかしこれはひどく高くつく。純粋に原価ベースで判断すると、このサイズの会議は資産ではなく瞬時に負債となる。あなたが実際に失っている時間を考えてみて、それだけの価値が本当にあるのかを自問してみよう。

もし絶対に集まらなければいけないと決めたのであれば、次のような単純なルールを

そこそこのもので構わない

守ることで会議が生産的なものになるようにしよう。

- タイマーをセットする。タイマーが鳴ったら会議は終了。そこまで。
- 可能な限り少ない人数しか呼ばない。
- 常に明確な会議の議題を設定する。
- 具体的な問題から始める。
- 会議室のかわりに問題が起こっている場所で会う。実際の物を指差し、本質的な変更点を提案する。
- 解決策を出して終了し、誰かにそれを実行する責任を負わせる。

解決策はそこそこのもので構わない

多くの人は複雑な解決策によって問題が解決されることに快感を覚える。頭を使うことに酔うことさえできる。次には、それが良案であるか否かはそっちのけで、同じ切迫感をもたらす別の難問を探し始める。

もっといい考えがある。最低限の力で最大の効果を発揮する柔道のような解決策を見つけるのだ。柔道のような解決策とは、要は最も少ない動きから最も多くを得ることである。障害に出会ったときにはそれを柔道のように解決する方法を見つけよう。

まず問題には交渉の余地があることを認識することだ。あなたの課題が鳥のように世界を見下ろすことだとしよう。そのための一つの方法はエベレストに登ることだ。これは大がかりな解決策である。またその一方で、高いビルのてっぺんへのエレベーターに乗ることもできる。これが柔道のような解決策だ。

問題は通常、単純で平凡な策によって解決することができる。そこに華やかな活躍の場などない。見事な技術を披露する必要もない。ただその課題をとっとと片付けて、次につなぐ何かをつくるだけである。このアプローチでは他人の称賛の声を聞くことはできないかもしれないが、必要なものは手に入れている。

政治キャンペーンの広告を見てみよう。大きな争点が飛び出すと、翌日には政治家はそれについての広告をテレビで流す。ＣＭの質は低い。動画のかわりに静止画を使っている。派手な動きのあるグラフィックではなく、平凡なテキストの見出しを使っている。音は画面外のナレーターによるナレーションのみである。にもかかわらずこの宣伝はこれで十分なのだ。広告を完璧なものにするために何週もかけていたら、それが世に出てくるのは遅すぎるだろう。洗練されているかどうかや品質よりもタイムリーであること

QUICK WINS

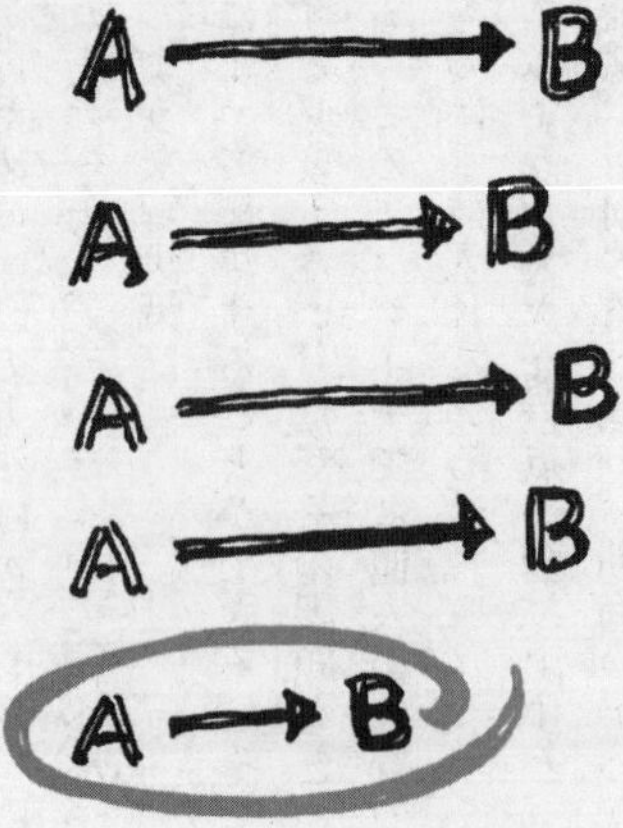

小さな勝利

がここではより重要なのだ。

そこそこの解決手段で仕事を進められるときはそうしよう。それはリソースを無駄にしたり、複雑な解決策を出すことができないために何もしないよりも、ずっとましな方法だ。それに後からでも、そこそこのものをとても良いものに変えることができることを覚えていてほしい。

小さな勝利を手に入れる

仕事の「はずみ」はモチベーションの燃料だ。それはあなたを動かし続けてくれる。それがなければ、あなたはどこにもたどり着けない。あなたが取り組んでいることによってモチベーションが生まれていなければ、あまり良い結果にはならないだろう。

あることを成し遂げ、次に進むことによって仕事のはずみが生まれる。誰もゴールがない終わりの見えないプロジェクトに張りついていたくはない。九カ月間現場にいて披露するものが何もないのは本当に興醒めだ。最終的にはあなたは燃え尽きる。仕事のはずみを保ちモチベーションを上げるには、目標に向かって小さな勝利を達成し続ける習慣をつけることだ。たとえ小さな改善でも、いいはずみを与えてくれる。

時間がかかればかかるほど、それを終わらせるのはより困難になる。そして終わらせたとしても、それが良いものになるとは限らない。

興奮は、あることを行い、それを顧客に届けることによって生まれる。一年ぶんのメニューを作成するのはつまらない。新しいメニューを出し、飲食物を提供し、フィードバックを得るのは刺激的なことだ。だからあまり長く待たないように。そんなことをすれば自分の中のひらめきを消してしまう。

もし絶対に長期間のプロジェクトに取り組まなければいけないのだとしたら、一週間のうち一日（または隔週ごとに一日）は熱中を生じさせる小さな勝利を経験することに専念するようにしよう。小さな勝利によって、良いニュースを出せるようになる。定期的に良いニュースを生み出し続けたいだろう。隔週ごとに新しく発表することがあれば、あなたは自分のチームに士気を吹き込み、顧客には熱中させるものを与えることができる。

だから二週間で何ができるか、自問してみよう。それからそれを実行する。表に出し、人にそれを使ってもらい、味わってもらい、遊んでもらう。より迅速に顧客の手にわたればわたるほど、あなたも楽になるだろう。

ヒーローにはなるな！

ヒーローにはなるな

多くの場合、ヒーローになるよりやめてしまうほうがいい。

たとえば、あるタスクが二時間でできると考えていたとしよう。しかしそれに四時間費やしても、まだ四分の一しか終わっていない。「それでもこれを今諦めることはできない。もうこれに四時間費やしたのだから」と考えるのが自然だ。

するとあなたはヒーローモードに入る。あなたはそれをやり遂げると決断したのだ(そしてそれがまだできていないことに少し困惑している)。そしてマントを羽織り、あなたは世界から自分自身を閉ざす。

そのような努力は時に働きすぎにつながる。しかしそれだけの価値があるのだろうか? おそらくないだろう。そのタスクは一六時間ではなく二時間ですむとあなたが評価した瞬間にはそれだけの価値があったのだ。この一六時間で他にたくさんのことができたはずだ。加えて、あなたは自分自身をフィードバックから切り離しているので、さらにひどい方向へと導かれるかもしれない。ヒーローでさえも時には新鮮な視点が必要だ。現実に即したものかどうかチェックしてくれる他の人の目が。

睡眠をとろう

僕らは直接この問題を経験したことがある。だから、僕らはメンバーの誰か一人が二週間以上時間を費やしているものがあるならば、他のメンバーに見てもらうようにしている。他のメンバーはそのタスクに関して何も手を貸せないかもしれないが、それを手早く再検討して、意見を述べることはできる。明白な解決策があなたをまっすぐ見つめ返していても、あなたはそれに気づくことさえできないこともある。

やめることが最善の方法となりうることを覚えておこう。人はやめることを失敗と関連づけがちだが、時にはそれがまさに今すべきことである場合もある。すでに一つのことにそれだけの価値がないほど多すぎる時間を費やしたのであれば、そこから手を引くこと。その時間を取り返すことはできないが、最悪なのはさらに多くの時間を無駄にすることだ。

睡眠をとろう

寝る間を惜しむのは間違った考えだ。確かにすぐに追加で数時間が手に入るが、後で絶対にそのツケを払うことになる。自分の創造性、士気、そして態度を破壊してしまう。もしあなたが完全に結果を理解しているのであれば、たまには徹夜仕事をしてもいい。

ただそれを習慣にしてはいけない。それが定期的になれば、次のような代償を積み重ねることになる。

頑迷になる

本当に疲れていると必ず、手段を再検討するかわりにあなたが陥ってしまった間違った方針にはまりやすくなる。ゴールは幻であり続け、砂漠の道をあまりにも長く歩くはめになるだろう。

創造性の枯渇

創造性は睡眠をとっていないと最初に失うものの一つである。普通よりも一〇倍効率的な人とそうでない人を分けているのは、効率的な人たちが一〇倍懸命に働いているからではない。彼らは一〇分の一の労力しか必要ない解決策を思いつくのに創造性を使っているのだ。睡眠をとっていないと、このような解決策を思いつくことがなくなる。

士気の低下

あなたの脳ですべてのシリンダーに火がついていないと脳はあまりきつくないタスク

あなたの見積もりは最悪だ！

を扱おうとする。取るに足らないことに関する記事をもう一つ読むというように。疲れているときには、大きな問題に取り組もうという気力がなくなってしまう。

短気になる

疲れているときには、忍耐強さや寛容的でいる能力はひどく影響を受ける。もしあなたが愚かなことをしている人に出会ったとしたら、彼は睡眠不足かもしれない。

これらは十分に睡眠をとらない代償のほんの一部だ。にもかかわらず睡眠不足を自虐的に自慢する人がいる。感心してはいけない。睡眠不足はあとで災いとなって跳ね返ってくる。

あなたの見積もりは最悪だ

僕らは全員、見積もりが下手だ。それについてまったく何も知らないのに、それがどのくらいかかるかを予想することができると僕らは考えている。避けることができない遅れなどなく、すべてが一番良い場合のシナリオどおりに進むと思っている。現実は一番良い場合のシナリオどおりには決してならない。

見積もる期間が数週間、数カ月、数年と未来へ延びていくのはファンタジーでしかありえない。実際あなたにはそれほど先のことはわからないのだから。

スーパーにちょっと数分寄っていこうと思っていたのに一時間たっていたということはどのくらいあるだろうか？　屋根裏を掃除するのに数時間ですむと考えていたのに一日かかったことを覚えているだろうか？　または四時間かかると計画していた庭の掃除がたったの三五分しかかからなかったときのように、時々逆もある。人間は見積もりをするのが本当に下手だ。

このような単純なタスクでさえも、見積もりは一つないし複数の要素によってずれる。もしほんの数時間の見積もりが正確にできなければ、どのようにして六カ月の期間のプロジェクトを正確に予測することを期待できるだろう？

おまけに、あることがどのくらいかかるかを考えるとき、僕らはちょっとだけ間違うわけではない。大きく間違うのだ。これはあなたが六カ月の予測を行うと大幅にずれてしまうかもしれないことを意味する。これは六カ月が七カ月になるということではない。六カ月が一年になることだってあるのだ。

これがボストンの高速道路のビッグ・ディグ・プロジェクト（中心市街の高速道路の移設と地下化）が予定

長すぎる To Do リストは終わることがない

から五年遅れで完成し、予算を何十億ドルも超過した理由である。またデンバー国際空港が二〇億ドルの予算超過、一六ヵ月遅れでオープンした理由でもある。

解決策は大きなものを小さなものに分解することだ。より小さいほど見積もりをするのが簡単になる。おそらくそれでも見誤ってしまうだろうが、大きなプロジェクトを見積もるよりも間違いはかなり少なくなる。もしも何かが予測していたよりも二倍長くかかるとしたら、一つの長期プロジェクトが数ヵ月超過するよりも、小さなプロジェクトが数週間超過するほうがいい。

時間枠をより小さなかたまりへと分解し続けよう。一つの一二週間のプロジェクトのかわりに、それを一二の一週間のプロジェクトへと組みかえる。三〇時間以上かかるタスクの見積もりを考えるのではなく、まずはより現実的な六から一〇時間のかたまりにタスクを分解する。それから一つ一つ取り組んでいくのだ。

長すぎるToDoリストは終わることがない

ToDoリストもより短くするようにしよう。長いリストにはゴミが集まる。長いリストに書かれたことをすべてやり遂げたことがあるだろうか。最初のいくつかのタスクは終えたかもしれないが最終的にはそのリストを放棄したはずだ（もしくは本当はちゃんと行っていないのにチェックをつけたかもしれない）。

長いリストは罪悪感を抱かせる。完了していない項目のリストが長くなればなるほど、あなたの感情はネガティブなものになるだろう。そしてある時点で、嫌な気分になり、あなたはそのリストを見るのをやめてしまう。それからあなたはストレスでイライラし、すべてが台無しとなる。

もっといい方法がある。その長いリストを、いくつものより小さなリストに分解するのだ。たとえば一〇〇項目の一つのリストを一〇項目の一〇のリストへと分解する。これはリストの中の一つの項目を終えたときにリストの一パーセントではなく一〇パーセントを完了したことを意味する。

確かに、あなたにはまだ同じ量だけやることが残っている。でもあなたは小さな世界を見て、満足やモチベーション、そして進捗を得ることができる。これは巨大な世界を見つめてゾッとし、モチベーションを挫かれるよりもはるかにいい。

問題を素早く扱うことができるように、可能な限り小さな要素へと分解するのだ。再整理という単純なことで生産性とモチベーションは驚くほど上昇させることができる。

そして優先順位付けについてアドバイス。数字やラベルで優先順位を付けてはいけな

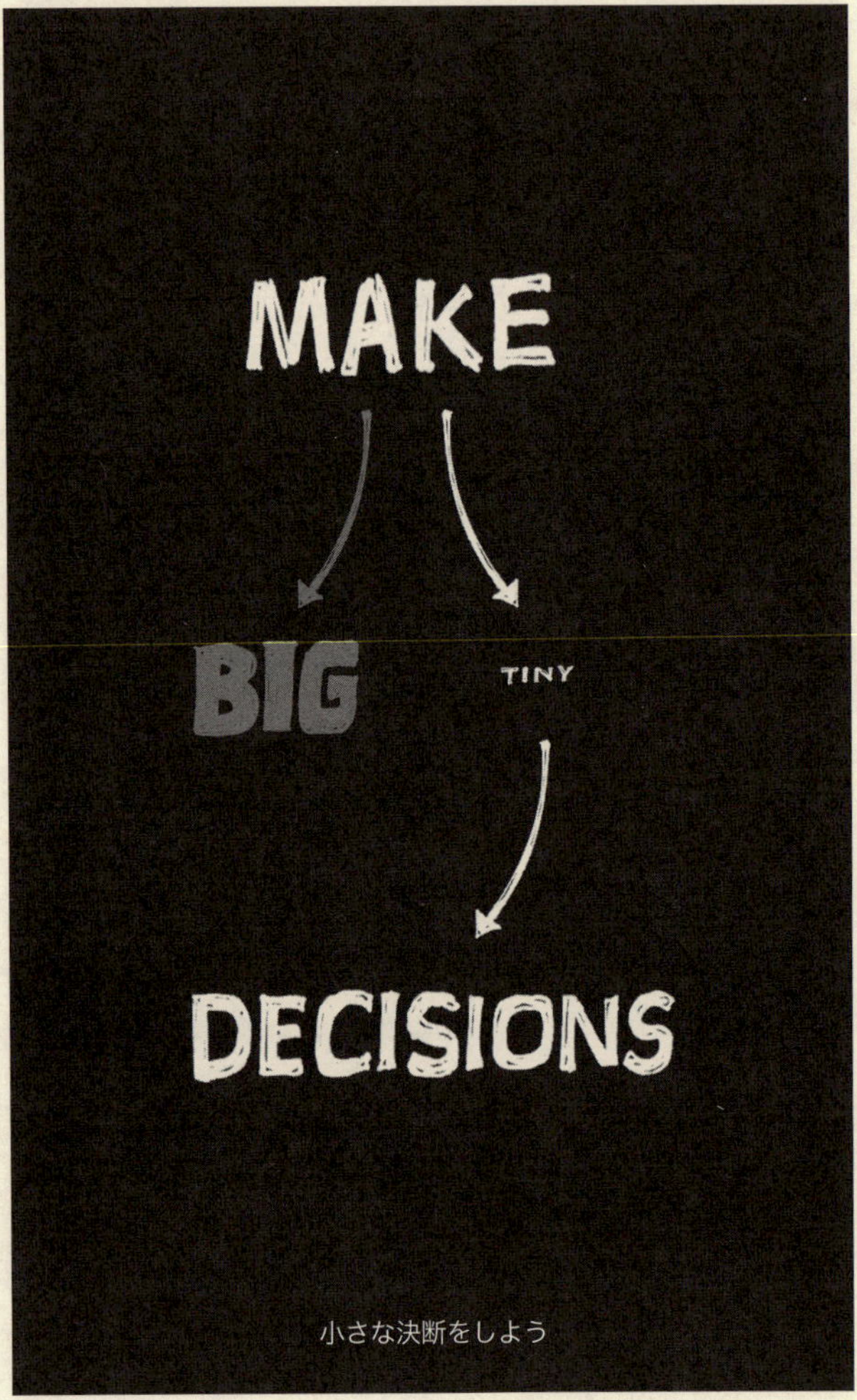

小さな決断をしよう

い。「これは優先順位が高くて、これは優先順位が低い」と言うのは避ける。同様に「これは三、これは二、これは一、これは三」と言ってはいけない。そのようにすると必ずといっていいほど、優先順位が高いタスクが山ほど生まれるはめになる。これは優先順位付けではない。

そのかわり、視覚的に優先順位を付ける。最も重要なことを一番上に配置する。次に重要なことはその下。こうすれば、最も重要なことは一度に一つだけだ。それで十分だ。

小さな決断をする

大きな決断をするのは難しいし、変えるのも難しい。そして一度大きな決断をすると、たとえそうではなかったとしても自分は正しい決断をしたと信じ続ける傾向がある。客観的ではなくなってしまうのだ。

一度エゴとプライドが出てくると、悪びれずに考えを変えることは難しい。体面を保ちたいという欲求が、正しい選択をしようという欲求をしのぐ。それから惰性もある。一つの方向に進むために労力を注げば注ぐほど、進路を変えるのはより難しくなる。

そのかわりに、一時的に効率が上がる小さな選択をしよう。小さな決断であれば大きな間違いをすることはない。小さな決断なら、変更の余地がある。失敗しても大きなペナルティはない。ただそれを修正するだけだ。

小さな決断をするということは、大きな計画を立てたり、大きなアイディアを考えたりできないということではない。大きなことを達成する最善の道は、一度に一つの小さな決断をすることだと信じるということなのだ。大きくて遠いゴールと壮大な実行計画の問題は、モチベーションを殺してしまうということだ。それはあなたを失敗に導く。

極地探検家のベン・ソーンダースは彼の単独の北極探検（約二〇〇〇キロを七二日間ひとりで）の間、「大きな決断」については考えてみるのもゾッとするほどで、日々「目の前の数メートルの小さな氷にたどり着くこと」だけを考えたという。

このような達成可能なゴールは一番いいゴールだ。実際にあなたが達成し、積み上げていくことができるゴールである。「やり遂げた。完了！」と言えるところまでたどり着いたら次へと進むのだ。これは決して行き着くことがない非現実的なゴールよりもはるかに満足いく方法である。

あなた自身を製品の一部に

競合相手

商品をありふれたものにしない

あなたが成功しているなら、人々はあなたがしていることを真似しようとするだろう。それが世の中というものだ。しかし、あなたをそんなマネっこから守るすばらしい方法がある。それはあなた自身を製品やサービスの一部にすることだ。製品にあなたのユニークさを注入するのだ。製品をありふれたものではないものにする。他の人が提供できないものにするのである。

一〇億ドル規模のオンライン靴販売業であるザッポス・ドットコムを見てみよう。ザッポスのスニーカーは他の小売店のスニーカーと同じものである。しかしCEOトニー・シェイのカスタマーサービスへの情熱により、他とは違ったものとなっている。

ザッポスでは、カスタマーサービスの従業員は対応マニュアルを使用せず、顧客と長時間話すことが許されている。コールセンターと本社は海を隔てているのではなく、同じ場所にある。新入社員は（あとでどこに配属されるにしろ）まずカスタマーサービスでの電話の応対と倉庫での作業に四週間を費やす。カスタマーサービスへの入れこみがザッポスの存在をユニークにしているのである。

もう一つの例はジョエル・サラティンが所有する、環境に優しいヴァージニアの農場、ポリフェースである。サラティンは強い信念を持ち、それに沿って経営をしている。ポリフェースでは、大企業ではできないことをする、というのが売りだ。コストはかかるが、牛にはトウモロコシではなく草を食べさせ、抗生物質は決して与えない。ポリフェースは決して食品を外に出荷しない。客は誰でもいつでも農場を訪れることができ、農場内のどこにでも行くことができる（典型的な食肉処理工場ではそんなことはできない）。ポリフェースは鶏肉を販売しているだけではなく、考え方を売っているのだ。そして顧客はそれが理由でポリフェースを愛している。家族のためにクリーンな肉を手に入れるべく二五〇キロ離れたところから定期的に車を飛ばしてくる顧客もいるほどだ。

あなた自身を商品、そして商品のまわりにあるものすべてに注ぎ込もう。どのように販売するのか、どのようにサポートするのか、どのように説明するのか、そしてどのよ

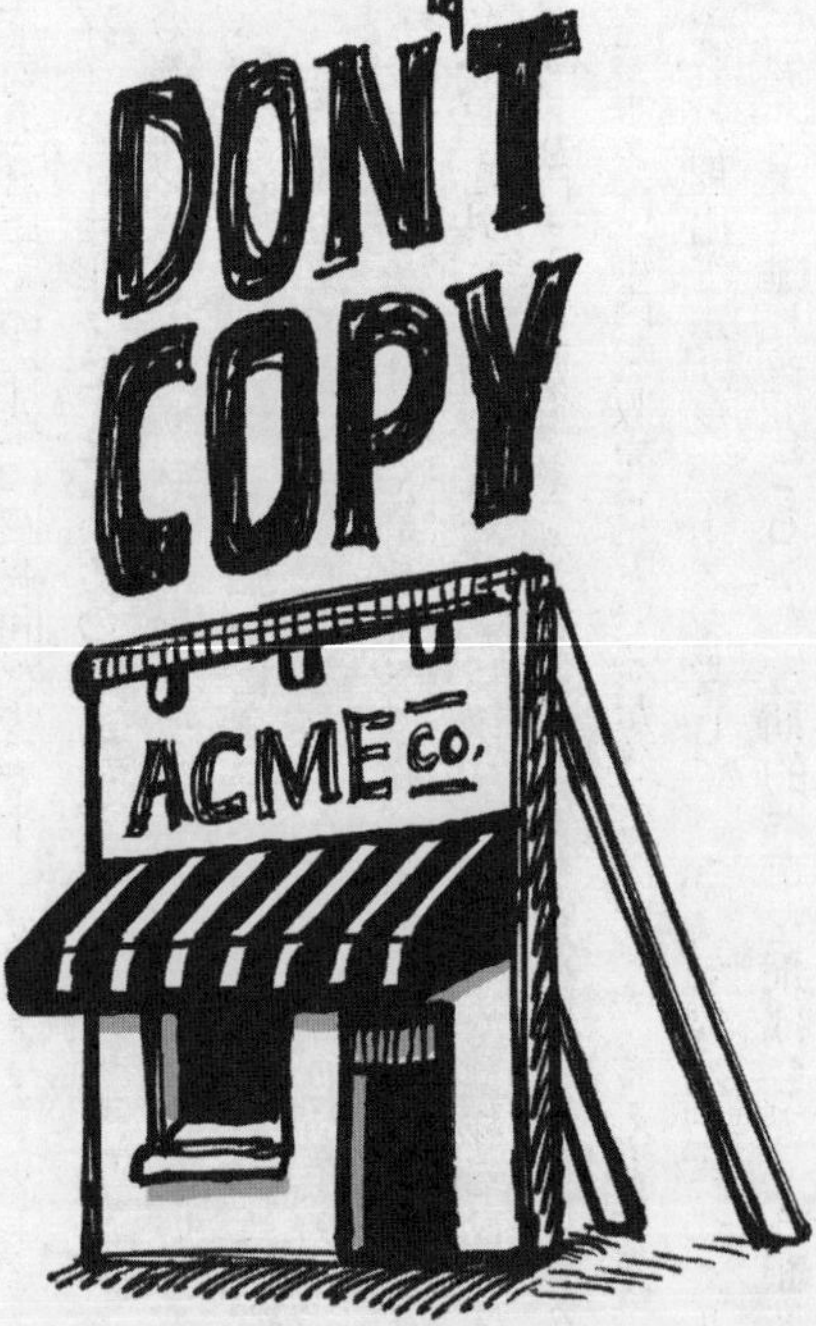

真似てはいけない

うに提供するのか。競合相手は製品の中にあるあなたまでをコピーすることは決してできない。

真似てはいけない

美術の学生が美術館の絵を模写したり、ドラマーがジョン・ボーナムの「モビー・ディック」ドラムソロをコピーするように、真似をすることは時には学習のプロセスの一部となり得る。学び手にとって、このような模倣は自分自身の表現を発見するための有効な手段だ。

残念ながら、ビジネスの世界でのコピーは通常もっと邪悪なものである。もしかしたらそれは今日僕らがコピー＆ペーストの世界に住んでいるからかもしれない。あなたは他の人の言葉、画像、またはコードを一瞬にして盗める。そして、真似ることによってビジネスを立ち上げたいという誘惑に駆られるかもしれない。

だがこれは失敗の方程式である。模倣することによる問題とは、理解を飛ばしてしまうことだ。理解とはあなたが育てるべきものである。なぜあることが機能しているのか、またはなぜあることがそういう仕組みになっているのか、あなたは理解しなくてはいけない。ただコピー&ペーストすると、それが抜けてしまう。表面下にあるすべてを理解するかわりに表面だけを再利用しているだけである。

最初の創作者が商品に注入した多くの仕事は目に見えない。表面の下に埋もれているのだ。模倣者にはなぜその商品がそういう見た目や感じになっているのか、なぜそう書かれたのかがわかっていない。模倣は偽の仕上がりである。それは理解をもたらさず、未来の決断の礎にもならない。

それに模倣する側は、オリジナルにいつまでも追いつけない。模倣者は常に受動的な立場にある。先導することなく、常に後塵を拝している。すでに時代遅れになったものを生み出すだけで、それはオリジナルよりも劣るただの類似品なのである。そんな生き方でいいわけがない。

他の人を真似しているかどうか見分けがつくだろうか? 他の人が仕事の大部分を行っているとしたら、あなたは真似をしているのである。大いに影響を受けよう。でも盗んではいけない。

けんかを売ろう！

けんかを売る

もし競合相手が最低だと思ったらそう言おう。そうすれば、あなたに同意する人があなたの側に集まってくるのがわかるだろう。アンチでいることは、あなた自身を差別化し、人を惹きつけるのに非常に良い方法だ。

たとえばダンキンドーナツはアンチ・スターバックスとして自社を位置付けようとしている。ダンキンドーナツの広告では、スモール、ミディアム、ラージのかわりにえせイタリア語を使うスターバックスをあざ笑っている。別のダンキンのキャンペーンは味覚テストでスターバックスに勝ったことを軸に展開している。ダンキンビートスターバックス（「ダンキンドーナツはスターバックスを打ち負かした」の意）・ドットコム（dunkinbeatstarbucks.com）というサイトさえあり、このサイトを訪問した人は「本当の友達は友達にスターバックスを飲ませたりはしない」といったメッセージ入りの電子グリーティングカードを送ることができる。

アウディもまた、保守的な自動車メーカーに挑戦し続けている。アウディは広告において、ロールスロイスやメルセデスは古い高級ブランドであり、アウディこそそれに代わる新しい高級車だと主張している。また、レクサスの自動駐車システムも槍玉にあげ、アウディのドライバーは駐車のしかたくらい知っている人たちであるとする広告を出している。別の広告ではBMWとアウディの所有者を並べて比較している。BMWの所有者は自分の髪型を直すのにバックミラーを使うが、アウディのドライバーは後ろに何があるのかを確認するのにミラーを使っているというのだ。

アップルはマックとウィンドウズの所有者を比較する広告でマイクロソフトをこづき、セブンアップは「非コーラ」を標榜している。アンダーアーマーは自社を若い世代のナイキと位置付けている。

このような例はすべて、ターゲットを絞ることで影響力と方向性を得られることを示している。あなたはどの会社を狙い撃ちにしてみたいだろうか？

自社を業界全体の敵として位置づけることさえできる。ダイソンのハンドドライヤーは、ハンドドライヤー産業は失敗であるという前提から始め、自社の製品は他の商品よりもっと強力でもっと衛生的だ、と売り込んだ。「これがバターじゃないなんて信じられない」という商品名のマーガリンは、その名前の中に敵を入れている。

敵を持つことは顧客に伝えるためのすばらしいストーリーをもたらしてくれる。態度を表明することは常に目立つ。人々は対立によってかき立てられる。彼らはどちらか一方の側につく。情熱に火がつく。そしてこれは人々の注意を引くのにとても良い方法で

UNDERDO
your
COMPETITION
競合相手以下のことしかしない

ある。

競合相手以下のことしかしない

　競合相手を打ち負かすには、相手よりもひとつ上を行かなければいけないという決まり文句がある。もし相手が四つの特徴を持っていたとしたら、あなたには五つ（または一五か二五）必要だ。もし相手が二万ドル費やしているとしたら、あなたは三万ドル費やさなければいけない。もし相手に従業員が五〇人いれば、あなたの会社には一〇〇人いなければいけない。

　このようなひとつ上を行くという冷戦のような考え方は行き詰まる。軍拡競争に巻き込まれたときに行き着く先は、莫大な資金と時間、意欲を消耗する終わることのない戦いだ。守りに入った会社は先を考えることができず、あとから考えることしかできない。そうした会社はリードすることがなく、追いかけるだけだ。

　だとすると、かわりに何をしたらいいのだろうか？　競合相手を打ち負かすには、なにごとも相手よりも「少なく」するのだ。簡単な問題を解決して、競合相手には危険で難しくて扱いにくい問題を残す。ひとつ上を行くかわりに、ひとつ下回るようにしてみよう。やりすぎるかわりに、やっていることが相手以下となるようにしてみよう。

自転車の世界にすばらしい例がある。有名な自転車ブランドは何年にもわたって最新のハイテク装備に注力していた。サスペンションと強力なディスクブレーキ付きのマウンテンバイクや、あらゆるところにカーボンファイバーを使った軽量なチタンのロードレーサー。そして自転車には三、一〇、二一といった多段ギアが必要だと考えられていた。

しかし最近では、限りなくローテクな固定ギアの自転車が広く人気を呼ぶようになっている。こうした自転車にはギアが一つしかない。いくつかのモデルではブレーキさえない。利点はより単純で、より軽く、より安く、メンテナンスがあまり必要ではないということだ。

競合相手以下のことしかしないことで成功している製品のすばらしい例がもう一つある。短期間に市場のかなりの割合を占めるようになった非常にシンプルなオートフォーカスのコンパクト・ビデオカメラ、フリップだ。フリップが提供していないものを見てみよう。

・大きな液晶画面がない（そして小さな液晶画面は自撮りをするために開いたりでき

ない）
・写真を撮る機能がない
・テープやディスクがない（コンピューターに動画を転送する必要がある）
・メニューがない
・設定がない
・ビデオライトがない
・ビューファインダーがない
・特殊効果機能がない
・ヘッドホン端子がない
・レンズのキャップがない
・メモリーカードが使えない
・光学ズームがない

フリップは少しの単純な機能しかなく、それをうまくやれるのでファンを獲得した。フリップは使うのが簡単で楽しい。フリップはもっと大きなカメラが決して扱われないような場所でも置かれ、高性能カメラはまず使わないユーザーに使われている。

「自分」にフォーカスしよう

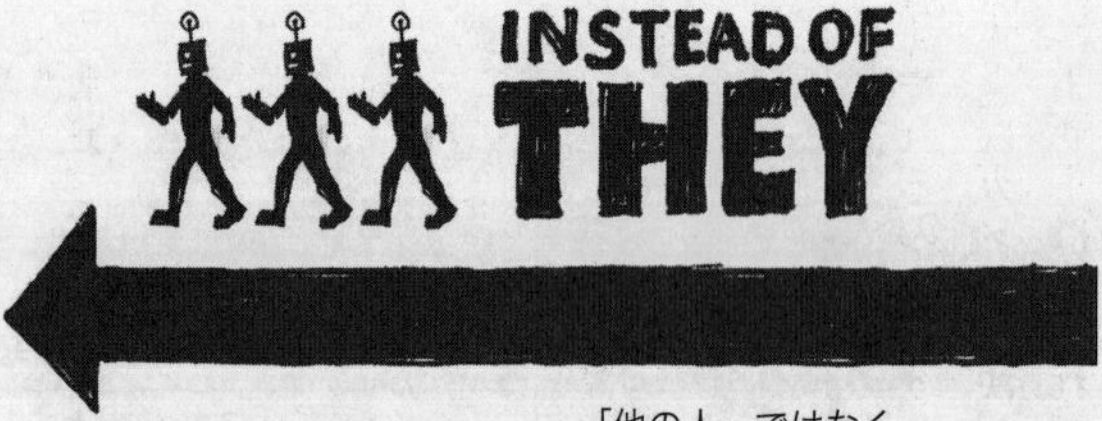

「他の人」ではなく

あなたの製品やサービスがより少ないことしかできないからといって恥じてはいけない。それを強調しよう。それを誇りにしよう。競合相手が多様な機能リストを売りにするように、それを積極的に売り込もう。

競合相手が何をしているのかなんて気にしない

結論として、競合相手に対して注意を向ける価値はあまりない。なぜなら他社について心配することはすぐに強迫観念に変わってしまうからだ。彼らは今何をしているのだろう？　彼らは次にどこへ向かうのだろう？　僕らはどのように対応したらいいのか？　どのような小さな動きも分析しなければいられなくなる。これはひどい考え方だ。それではストレスと不安に圧倒されるようになる。そんな精神状態は、何を育てるにもひどい土壌となってしまう。

それに無意味な動きでもある。競争の状況は常に変化している。今日の競合相手と明日の競合相手は完全に異なっているかもしれない。あなたにはなすすべがない。あなたの手に負えないことを心配することに何の意味があるだろう？

かわりに自分自身に焦点を当ててみよう。ここで起こっていることは、向こうで起こっていることよりずっと重要である。他人のことを心配するのに時間を費やしていると、その時間をあなた自身の向上に費やすことができない。

競合相手にあまりにも注目しすぎていると自分自身の洞察力が希薄になってしまう。他の人々の考えを自分の脳に与え続けていると、すばらしいことを思いつく機会が減少していく。あなたは先見の明を持った人となるのではなく、反動的な人となる。行き着くところは、競合相手の製品を異なった包装であなたが提供するということだ。

もしあなたがiPod潰しの商品、または次のポケモンを生み出すことを企画しているとしたら、すでに失敗している。あなたは競合相手が特色を強めるのを後押ししているも同然だ。あなたはアップルよりもアップルらしくすることはできない。彼らはゲームのルールを握っているのだ。そしてルールを作っているものを打ち負かすことはできない。あなたは少しだけ良いものを作るだけでなく、ルールを再定義しなくてはいけない。

自分自身にアップル（またはあなたの業界の大企業）を打ち負かせるかどうか尋ねてはいけない。それは間違った問いだ。これは勝つか負けるかの戦いではない。競合相手の利益とコストは彼らのものだ。あなたの利益とコストはあなたのものだ。

あなたが他の人たちとただ同じようになるのであれば、なぜあなたが別にやる必要があるだろう？　もしあなたが単に誰かをそっくり真似ているのだとしたら、あなたの存在には何も意味がない。たとえ敗北に終わったとしても、単に他を真似るのではなく、あなたが信じていることで戦うほうがいいのだ。

「ノー」と言おう

進　化

基本的に「ノー」と言おう

顧客の言うことを聞いていたら、もっと速く走る馬を彼らに与えていただろう。

ヘンリー・フォード

「イエス」と答えるのはとても簡単だ。さらなる機能の追加に、あまりにも楽観的な締め切りに、可もなく不可もないデザインに「イエス」と答える。あっという間に、あなたが本当にしなければいけないことが見えなくなるくらい「イエス」と答えたものが高く積み上がってしまう。

自分の最高のアイディアに対してさえも、「ノー」と言う習慣をつけよう。優先順位をはっきりさせるために、「ノー」と断ることにより生まれる力を利用しよう。「ノー」と言って後悔することはめったにないが、「イエス」と言って後悔するはめになることはしょっちゅうある。

顧客との衝突は彼らを不快にさせるので、多くの人は「ノー」と答えるのを避ける。しかしそのかわりの選択がいいものだとは言い切れない。物事を長引かせて複雑にし、あなたが信じてもいないアイディアに取り組むことになるのだ。

それは恋愛関係のようなものだ。付き合いをやめるのは難しいが、それを恐れすぎて付き合い続けるのはさらにまずい。短時間の不快を味わってでも長期間の後悔を避けるのは大事だ。

「顧客は常に正しい」なんて信じてはいけない。あなたが料理人だとして、もし大勢の顧客が、あなたの料理はしょっぱいとか辛いと苦情を言ったのであればそれを改める必要はある。でももし重箱の隅をつつく少数の常連がラザニアにバナナを加えるように言ったのであれば、拒否してもいい。注文の多い少数の顧客を幸せにするために多くの人に迷惑をかけ、商品を台無しにしてしまうのは良くない。

INGダイレクトは「ノー」と言うことでアメリカで最も急成長する銀行を作り上げた。顧客がクレジットカードを求めると、答えは「ノー」だ。顧客がオンライン証券を求めると、答えは「ノー」。顧客が一〇〇万ドルの口座を開けるか尋ねると、答えは「ノー」（この銀行には厳格な預金の上限がある）。ＩＮＧは物事をシンプルに保ちたかったのだ。それがこの銀行が少数の貯蓄口座、定期預金、投資信託だけしか提供していない理由である。

だからと言って「ノー」とばかり言う嫌な奴になってはいけない。ただ正直でいるのだ。顧客の要求に譲歩したくないのであれば、礼儀正しくその理由を説明しよう。あなたの立場を時間をかけて説明すると、人々は驚くほど物わかりがいい。彼らをあなたの考え方に賛同させることさえできるかもしれない。それができなかったとしたら、より良い解決策を持つ競合他社を推薦しよう。人々があなたの製品を使って不満を抱くよりも、他社の製品を使って満足してもらったほうがいい。

あなたのゴールは製品があなたにとって正しいものであり続けることだ。誰よりもあなたがそれを信じなくてはいけない。だからこそ「僕はこれが気に入っているから、君もこれが気に入ると思うよ」と言うことができるのだ。

LET YOUR CUSTOMERS OUTGROW YOU

顧客を（あなたよりも）成長させよう

顧客を（あなたよりも）成長させよう

このようなシナリオを聞いたことがあるかもしれない。ある会社に多額の支払いをしている顧客がいる。その会社は可能な限りの手段でその顧客を喜ばせようとしている。そこでこのひとりの顧客の要望で製品に手を加え、変更したために、その製品の本来の顧客基盤が離れていってしまう。

それから、ある日この得意先が去ることになり、この会社には問題だけが残される。その問題とは、もはや存在しない人のための製品である。そしていまやこの製品は他の誰にも適応していない。

既存の顧客にこだわり続けていると、新たな顧客を自社から切り離してしまう。あなたの製品やサービスは既存の顧客にあまりにも最適化されており、新たな顧客には魅力的でなくなってしまう。このようにしてあなたの会社は傾き始めるのだ。

僕たちの最初の製品が出回った後しばらくして、僕らの最初からの顧客たちから批判がいくつか届き始めた。彼らが成長したことでそのアプリケーションが合わなくなってきていると言うのだ。彼らのビジネスは変化しており、新たな複雑さや要件を反映させせるために製品の仕様を変えることを望んでいた。

僕らは「ノー」と答えた。その理由は、そもそも顧客が僕らの製品をモノにできないよりも、むしろ顧客には僕らの製品を追い抜いてほしいと考えていた。何人かを満足させるために上級者向け機能を加えることは、まだ慣れていない人たちを怖気付《おじけ》かせてしまう。新規顧客を恐れさせて遠ざけてしまうことは、昔からの顧客を失うことより悪いと僕らは考える。

顧客があなたを追い抜けるようにすると、ほとんどの場合、基本的な製品に行き着くだろう。それで構わない。小さくて、シンプルで、基本的なものへのニーズは不変だ。まさにそれを必要としている顧客の供給は際限なくある。

そして常に、あなたの製品を使っている人よりも使っていない人のほうが多く存在する。こうした人たちが使い始めることができるように簡単になっていることを確かめよう。そこに継続的な成長のカギが眠っている。

人も状況も変化するため、全員に対してすべてを提供することはできない。あなたの会社はニーズがころころ変わる特定の個人よりも、あるタイプの顧客に忠実である必要がある。

革命的！　新しい！
ホット！　すばらしい！　早い！

REVOLUTIONARY!
NEW! HOT!
Amazing! FASTER!

don't confuse ENTHUSIASM
WITH PRIORITY

熱意を優先順位と混同するな

Useful.

役に立つ

熱意を優先順位と混同するな

すばらしいアイディアを思いつくと高揚がもたらされる。可能性と利益を思い描き始める。そしてもちろん、それらをすべてすぐに得たいと思う。そのため、他に行っているすべてのことをやめ、最後に思いついた「一番すばらしい」アイディアを追い求め始める。

これはへたなやり方だ。新しいアイディアへの熱意は、そのアイディアが持つ本当の価値の正確な指標ではない。たった今、確かなひらめきが生まれたように見えたものも、次の朝にはただの「あってもいい考え」に格下げとなっていることがある。そして「あってもいい考え」には、他のすべてのことを延期するほどの価値はない。

僕らは常に新しいアイディアを持っている。それに加え、毎日顧客から何十もの興味深いアイディアを受けとる。確かにこうしたアイディアがどこに導いていってくれるかをすぐに試してみるのは楽しい。だからと言っていちいち実践していたら仕事にはきりがなくなり、どこにもたどり着けなくなってしまうだろう。

だからまず「すばらしいアイディア」はしばらく棚に上げておこう。多くの「すばら

AT-HOME
GOOD
自宅でも良いもの

しいアイディア」を思いつくことはいいことだ。ひらめきに刺激され興奮するのもいい。だが、瞬時の熱意に押されて行動してはいけない。アイディアを書き留めて、何日か棚に上げておこう。落ち着いてから、そのアイディアの優先順位を評価してみるのだ。

自宅でも良いもの

こんなふうに感じたことがあるだろうか。店に行き、いくつかの異なった商品を比較して、一番お得に見えるものを買う。最も機能が多く、最もかっこよく見える。パッケージもおしゃれだ。箱には刺激的なキャッチコピーが書かれている。すべてがすばらしいように思える。

しかしそれを家に持って帰ると、思っていたほど使い勝ってがよくない。あなたには必要のない機能が多すぎる。ついには騙されたように感じる。あなたが本当に必要としていたものは得られず、大金を支払ってしまったことに気づく。あなたは「店頭で良い製品」を買ってしまったのだ。それは実際に使ってみたときよりも店で見たときに興奮させられる製品である。

逆に、かしこい企業は「自宅でも良いもの」を作る。「自宅でも良いもの」とは、家

書き留めなくていい

に持って帰ってからどんどん好きになっていくものだ。そして自分の友達にもそれを薦めたくなる。

「自宅でも良い製品」を作るには、店頭での受けの良さは犠牲にしなくてはならないかもしれない。基本的な要件が美しく満たされている製品は、オプション機能満載の競合品ほど魅力的には見えないかもしれない。いくつかすばらしい点がある商品は、たいてい遠目には華やかではないものだ。それでいい。あなたは一夜限りの関係ではなく長期間の関係を目指しているのだから。

店頭で見るパッケージやディスプレイについてのみならず、広告においても同じことがいえる。僕らはみんなテレビで、「人生を変える革命的な道具」のCMを見る。でも実際の製品が届くと、それは失望へと変わる。メディアで見栄えがすることは、実際に自宅でも良いものであることほど重要ではない。悪い経験を良い広告やマーケティングで塗りつぶすことはできない。

顧客の声を書き留めてはいけない

顧客が求めているものをどのように追跡し続ければいいのだろうか？　そんなことは

しなくていい。顧客には耳を傾けるが、そのあとは人々が言ったことは忘れてしまうほうがいい。これはマジな話。

スプレッドシートやデータベース、ファイリングシステムは必要ない。本当に気にかけるべき顧客の要求は、あなたが繰り返し聞くことになるものだ。しばらくすると、それらを忘れられなくなる。あなたの顧客があなたの記憶となるのだ。彼らは指摘し続けてくる。彼らはあなたが本当は何を気にしなければいけないのかを示してくれるのだ。

あなたがいつも忘れているなら、それは重要ではないというサインだ。本当に重要な物事は消えてしまったりはしない。

無名でいい

プロモーション

無名であることを受け入れる

今、あなたが誰なのかを知る人はいない。それでいい。無名であるのは、すばらしいことだ。日陰にいることを幸せに思おう。

この時こそ、世間にあれこれ言われずにミスすることに使おう。欠点をつまみ出し、思い立ったアイディアを試してみよう。新しいことに挑戦してみるのだ。誰もあなたを知らないのだから、失敗しても大きな問題ではない。無名であれば、プライドを失うことも自信を失うこともないだろう。

小売業者は、いつもテスト販売をしている。ダンキンドーナツは、ピザやホットドッグ、あつあつのサンドイッチなどを売ることを考えたとき、一〇の地域で商品をテスト販売した。

ブロードウェイもまたいい例だ。彼らもアイディアを試すときには、まず小さなステージから始める。ニューヨークで公演する前に小さな町で必ず試験的な公演を行うのだ。小さな町でテスト公演することで、俳優は（ショーが評論家や専門家のより手厳しい評価を受ける前に）観客から生の評価を手に入れることができる。

はじめて何かをするときに世界中に見守ってほしいだろうか？　今までスピーチをしたことがないとしたら、一万人の前で話をするのと一〇人の前で話をするのと、どちらがいいだろうか？　ビジネスを始めるときもみんなに見てもらいたいとは思わないはずだ。もしみんなに見てもらえるような準備がまだ出来上がってないのなら、みんなに見てもらうのは得策ではない。

そして、心に留めてほしいのは、一度規模が大きくなって人気が出てきたら、必然的にリスクは小さくしなければならないということだ。成功すれば、先を見据えて一貫した行動を続けなければならなくなる。今以上に保守的になる。そうなるとリスクをとるのは難しくなる。もろもろのことは形が定まっていき、変化を起こすことが難しくなるのだ。

もし何万人もの人が商品を使っているなら、一つ一つの変更がとても大きな影響を及

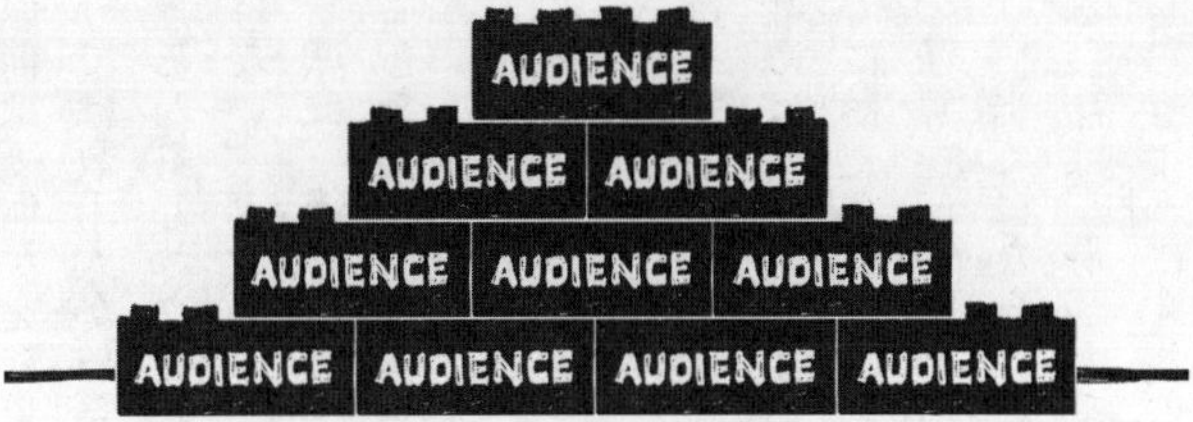
AUDIENCE
AUDIENCE AUDIENCE
AUDIENCE AUDIENCE AUDIENCE
AUDIENCE AUDIENCE AUDIENCE AUDIENCE

観客

ぼすことになるだろう。以前は、何かを変更しても一〇〇人ぐらいにしか影響を及ぼさなかったかもしれない。今では数千人が戸惑う。一〇〇人ぐらいの人には何かあっても謝って説明することができるかもしれないが、一万人の顧客が怒るとなると、それ相応の武装はしていないといけない。

こうした初期の無名の状態は、後の顕微鏡の監視下にいるような状況に比べると楽なものだ。今こそ恥をかくことを心配せずにリスクをとれるときなのだ。

観客をつくる

どの会社も「顧客」を持っている。中には「熱狂的なファン」のいる幸運な会社もある。だが、一番幸運な会社には「観客」がいるのだ。観客は秘密兵器にさえなりうる。

多くのビジネスは、人々に訴えかけるために莫大な金をかける。何かを伝えたくなったら、信じられないほどの予算を使って、広告をあちこちに振りまく。だが、このアプローチの欠点は金がかかり、当てにならないことだ。

今日、時代の先端を走る会社は、もっとよい方法を知っている。人々のところへ行くのではなく、人々に来てもらうようにするのだ。観客というのは、時々あなたのところに自分から舞い戻ってくる。これが、一番理解ある顧客であり、一番の見込み客と言えるだろう。

一〇年以上にわたり僕たちはブログ「シグナルVSノイズ」で、毎日一〇万人以上の読者、つまり観客を築いてきた。毎日、彼らは僕たちの伝えたいことを見に戻ってくる。僕たちは、デザインやビジネス、ソフトウェア、心理学、ユーザビリティ、僕たちの業界について広く意見を述べている。それがどんなものかはともかく、一〇万人以上の人がもっといろいろ聞きたいと戻ってくるほど興味を持ってくれているのだ。そして、もし彼らが僕たちのメッセージに共感してくれるのであれば、きっと僕たちが売る物にも共感を示してくれるはずだ。

昔ながらの方法で一〇万人に毎日連絡するにはいくら金があっても足りない。何万ドル？　何百万ドル？　実際どういうアプローチを使うのだろうか？　広告？　ラジオのスポット？　ダイレクトメール？

観客をつくるということは、彼らが興味を持ってくれるということであって、人々の注意を買うのではない。これは非常に大きな利点だ。

だから観客を「つくる」のだ。話す、書く、ブログを書く、ツイッターでつぶやく、映像を作る、何でもいい。価値ある情報を共有し、ゆっくりと、だが確実に忠実な観客

don't OUT-$PEND OUT-TEACH

より多く「金をかける」のではなく、より多く「教えよう」

を獲得するのだ。そうすれば、何か言いたいときにも、しかるべき人たちがすでに聞いてくれている。

競合相手に「教える」

広告を出す。セールスマンを雇う。イベントのスポンサーになる。だが、他社も同じことをやっている。同じことをやって他より目立つことはできるだろうか。競合を意識してより広告費やセールスマンを増やし、より多くのスポンサーになるのではなく、より多くを「教える」ようにするといい。「教える」なんて競合他社は考えつかないはずだ。多くのビジネスは、営業とサービスに力を注いでいるが、彼らにとって教えることはいまだ考えてもみない領域だ。

ヘフラー・タイプ・ファウンドリーは、タイポグラフィー・ドットコムでデザイナー向けに書体について教えている。ハンドメイド品のオンライン・ショップであるエッツィーは、ウェブサイトで通信販売を行っているユーザー向けに「ベスト・プラクティス」と宣伝のノウハウを説明する起業系ワークショップを開いている。大規模なワインショップを経営するゲリー・ヴェイナーチャックは動画サイトのワインライブラリーT

V（毎日何万人もの人が視聴している）でワインについて教えている。教えることで、従来のマーケティング戦略では不可能だった新しい関係を築くことができるだろう。雑誌やバナー広告を使って人々の興味を引くのも一つの手ではあるが、教えることにより顧客の忠誠度を高め、まったく違ったつながりが作られるのだ。信頼も増し、尊敬さえしてもらえるだろう。たとえ彼らがあなたたちの製品を使わなくても、ファンでいてくれるだろう。

さらに、この戦略は大きな競合他社ではなかなかできない、僕たちのような個人や中小企業の大きな武器なのだ。大きな企業は、スーパーボウル中継にCMをドンと打つことができるが、あなたには無理だ。でもあなたは「教える」ことができる。大企業はノウハウや戦略を秘密にするほうが利益につながると考えている。大きな企業が同じようなことをやろうとすると、弁護士のチェックが入り、面倒くさい手続きをくぐり抜けねばならない。教えることには、彼らと十分に戦えるチャンスが潜んでいる。

料理人を見習う

料理人を見習う

エメリル・ラガーシやマリオ・バターリ、ボビー・フレイ、ジュリア・チャイルド、ポーラ・ディーン、リック・ベイレス、ジャック・ペピンといった名前を聞いたことがあるだろう。彼らは偉大な料理人たちである。だが、すばらしい料理人というのは他にも大勢いる。では、なぜ彼らの名だけがそれほど知られているのだろうか？　それは、彼らが自身の知っていることをすべて公《おおやけ》にし、みんなと共有しているからだ。彼らは自身のレシピを料理本に掲載し、自身の技術を料理番組で披露している。

経営者としても、彼らを見習うべきである。これは普通ビジネスの世界ではタブーである。ビジネスとなるとみんなが秘密主義に走り出す。自身のノウハウは特権的で、競合他社へのアドバンテージになると考えるのだ。まあ、うまくいくこともあるかもしれないが、たいていはそうはいかない。だから、そんなことは考えないほうがいい。共有することを恐れてはいけない。

レシピは、ビジネスよりもずっと真似しやすい。マリオ・バターリは、そのことを恐れるだろうか？　なぜ彼はテレビ番組に登場し、自身の行っていることを見せているの

舞台裏を公開しよう

だろうか？　なぜ彼は、誰もが購入でき、同じように作れる料理本に自分のレシピすべてを載せているのか？　なぜなら、そうしたレシピやテクニックだけでは、彼を凌駕するのに十分ではないのを彼は知っているからだ。彼の料理本を買って、隣にレストランを開き、彼のビジネスをまわらなくするような人はいないだろう。そんなふうには絶対にできないものだ。だが、ビジネスの世界では、もし競合他社が自分たちのノウハウを知ってしまったら追い越され会社はつぶされる、と考えている。その不安を乗り越えるのだ。

著名な料理人を見習おう。彼らは料理し、料理本を書く。あなたは？　あなたの「レシピ」、あなたの「料理本」とは？　教える価値があり、プロモーションにもなるネタとは何だろうか？　この本が僕たちの料理本だ。ではあなたのは？

舞台裏を公開する

人々に舞台裏へのパスを渡して、あなたのビジネスの仕組みを見せよう。誰かがあなたのビジネスについてリアリティー・ショーを作りたがっていると想像してみよう。共有するものは何だろうか。もうよその誰かを待つのはやめよう。あなたが行動する番だ。

誰も気にしない？　そんなことはない。一見つまらなそうな仕事もきちんと見せれば、魅力的に見える。漁業やトラック輸送など、いかにもつまらなそうだ。だがディスカバリー・チャンネルやヒストリー・チャンネルは、これらの職業を題材にして『ベーリング海の一攫千金』や『アイスロード・トラッカーズ〜北極圏を走れ！〜』といった人気の高い番組を作った。

危険な仕事である必要はない。人はどんな種類のビジネスにでも秘密を見つけることが好きだ。たとえ朝食のシリアルの小さいマシュマロをどうやって作るか、でも。だからこそランチボックス用のスナック、清涼飲料、ムーヴィーキャンディなどの秘密を解き明かす番組がここまで人気だったりするわけだ。

人は、ものがどう作られているかについて興味津々だ。だから、工場見学や、映画の舞台裏のドキュメンタリーが好きなのだ。セットの組みかた、アニメーションの作りかた、監督のキャスティングのしかたまで、いろいろ見たいと思っている。彼らは、他の人がどのように、そしてなぜそうしたのか知りたいのだ。

人々を舞台裏に導くと新しい関係が生まれる。彼らはつながりを感じ、顔の見えない企業ではなく、あなたを人間として見てくれるようになる。彼らは、製品やサービスに捧げられた汗と努力を見るだろう。そして、彼らはさらに深い理解や評価をしてくれる

にせもの

はずだ。

造花が好きな人はいない

ビジネスの世界には、スーツに身を包み、完璧に見せようとしている「プロフェッショナル」がたくさんいる。だが実際には彼らはお堅く退屈な存在に見えるだけである。誰もそんな人間には親しみを感じない。

欠点を見せることを恐れてはいけない。不完全さはリアルであり、人はリアルなものに反応するのだ。だから、僕たちはいつまでも変わらないプラスチックの花より、しおれてしまう本物の花が好きなのだ。どのように思われるか、どのように振舞うべきか、あれこれ心配する必要はない。すべてありのままの本当の自分を世界に見せればいい。

不完全の美しさ。日本の「ワビサビ」のエッセンスでもある。ワビサビの価値は、見た目の美しさを超えた特徴と個性にある。物にあるひびや傷も否定されるものではないと考える。それはまたシンプルさでもある。いろいろな物を取り除き、自分自身の持ち味を使うのだ。ワビサビについての本の著者、レナード・コーレンはこう言う。「本質だけになるまで削ぎ落とす。だが詩を取り除いてはいけない。余分なもののない、清潔

プレスリリースはスパム

な状態を保つが、不毛にしてはいけない」作るものに「詩を残す」とはいい言い回しだ。簡潔にすぎると魂が抜け出てしまい、ロボットのようになってしまう。

だからあなたらしく語ろう。他の人が話題にしたくないようなこともはっきりと見せるのだ。欠点を隠さず、出来上がっていなくても、今取り組んでいるものの一番新しい形を見せるのだ。完璧でなくても大丈夫。「プロフェッショナル」に見えないとしても、それ以上に本物に見えるのだ。

プレスリリースはスパム

誰かに効果があるだろうと、多くの見知らぬ人たちに無差別に送りつけられるものを何と呼ぶか知っているだろう？　スパムだ。プレスリリースもそうだ。誰かが記事にしてくれることを期待して、名も知らない何百もの記者に見境なく送っている。

プレスリリースの目的について、あらためて考えてみよう。プレスリリースを送るのは、人に知ってもらいたいからだ。新しい会社、製品、サービス、告知などをマスコミに取り上げてもらいたいからだ。彼らがものすごく興味を持って、あなたについての記事を書いてくれることを望んでいる。

だが、プレスリリースは、そうした目的を果たすにはひどい方法だ。うんざりするし、ありきたりだ。わくわくさせるようなものは何もない。記者のもとには一日何十ものプレスリリースが届く。それらは結局、誇張された見出しやCEOのいかにもな言葉ばかりだ。どれもこれも、驚異的、革命的、画期的で、驚くべきと書かれている。気が遠くなる。

もし注目を集めたいのなら、他の人とまったく同じことをやっても意味がない。目立つ必要があるのに、なぜ他と同じようなリリースをするのか？　もう記者の受信トレイは他の人のスパムで埋め尽くされているのに、なぜあえてさらにスパムを送りつけなくてはならないのか？

そもそも、プレスリリースはあまりに大ざっぱすぎる方法だ。文面を作って、それを無数の人に送る。こちらは相手を知らないし、相手もあなたを知らない。しかも他のみんなに送ったのと同じ曖昧な書き出しでいいのか？　そんな第一印象を作りたいのか？　そんなものでは、あなたのストーリーは伝わらない。

プレスリリースは忘れて電話をかけよう。もしくは個人的に手紙を書こう。もし似たような企業や製品の記事を見つけたら、それを書いた記者に連絡を取り、自分の情熱や

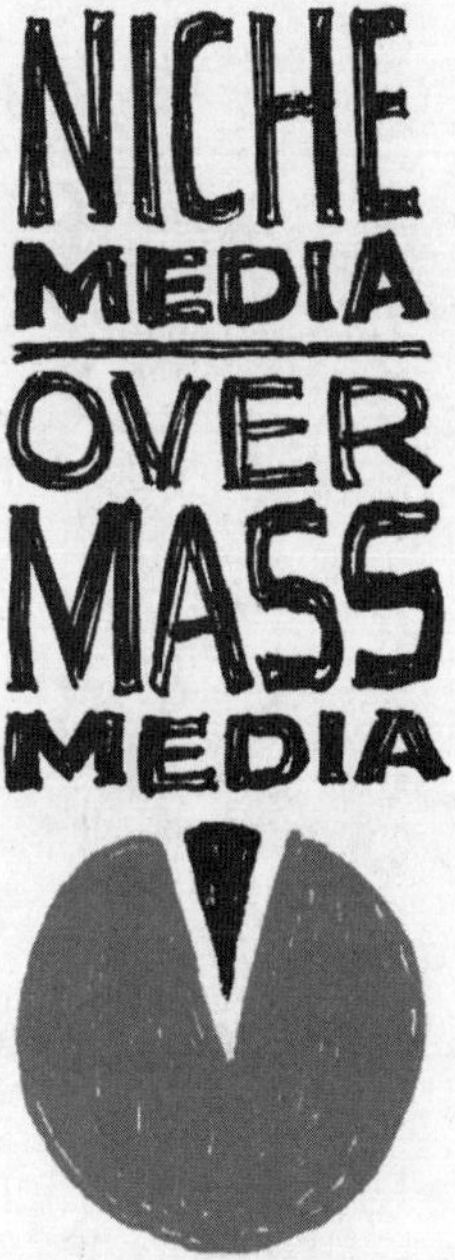
NICHE
MEDIA
OVER
MASS
MEDIA

マスメディアよりニッチなメディア

興味を伝えるのだ。有意義なことをし、自分を目立たせ、忘れられない存在になる。それこそが最も価値ある記事につながる。

『ウォール・ストリート・ジャーナル』は忘れよう

『タイム』、『フォーブス』、『ニューズウィーク』、『ビジネスウィーク』、『ニューヨーク・タイムズ』に『ウォール・ストリート・ジャーナル』といった大新聞、大雑誌は忘れよう。そんなところの記者への売り込みは不可能に近い。運よくアプローチできたとしても、彼らはたぶん気にもとめないだろう。あなたは記事にするほど大物ではないのだ。

それよりも、業界紙やニッチなブロガーなどに焦点を絞って話を持っていったほうが早い。こうしたところのハードルはそう高くはない。メールを送って、その日のうちに返事（あるいは記事の投稿）を期待することもできる。記事の方針にうるさいお偉方やPR担当もいない。メールを審査するプロセスもまったくないのだ。

それに彼らは実際、新鮮なネタに飢えている。彼らは、新しいものを見つけて、ムーブメントのきっかけを作り、流行の仕掛け人になることに意味を感じる人々だ。現に多くの大手の記者も新しい情報を見つけるのにこれらの小さいサイトを利用する。小さな記事からのスタートであっても、あっという間にメインストリームに出ることができるのだ。

僕たちも『ワイヤード』や『タイム』といった大手雑誌に記事を書かれたことはあるが、より効果的だったのはむしろ、マックのマニア向けサイト「デアリング・ファイアボール」や、仕事術についてのサイト「ライフハッカー」に掲載されたときだった。そうしたところからのリンクは、結果僕たちのサイトの訪問数やセールスに多大な影響を与えた。大手の記事はそれなりにすばらしいのだが、直接的で瞬間的な効果は期待できない。

『ウォール・ストリート・ジャーナル』に記事が載れば、エゴは満たされるかもしれないが、おそらく期待しているような結果は得られないだろう。

Emulate DRUG DEALERS

ドラッグの売人を真似よう

ドラッグの売人の方法は正しい

ドラッグの売人は、抜け目のないビジネスマンだ。彼らは、自分の商品がすばらしいことを知っているので、先に少量を無料で提供する。あとで初期投資以上のものが（現金で）戻ってくるとわかっているのだ。

この姿勢を真似てみよう。自分の商品を、無料で少し使ってもらっても後で現金で回収ができるほどいいもの、熱中してもらえるもの、「手放せないもの」にするのだ。こう考えると、商品のミニ版があるほうが有利だ。売ろうとしているものにお試しキットが必要になる。人々が金や時間を使わずに、試せるようなものだ。

ベーカリーやレストラン、アイスクリーム店は、この仕組みを長年うまく使っている。車のディーラーは、車を買う前に試乗させてくれる。ソフトウェア会社も、無料トライアルや機能制限版を用意している。他の分野でも、どれほど多くの企業が、このドラッグの売人のモデルから利益を得てきただろうか？

無料で提供することを怖がっていてはいけない。自らが提供しているものを信頼しよう。人々はそれ以上のものを求めて戻ってくる。そう信じられなければ、まだ十分に質

EVERYTHING IS Marketing

すべてのことがマーケティングだ

の高い製品を作っていないということだ。

マーケティングは部門ではない

あなたの会社にマーケティング部門はあるだろうか？　もしないなら、いいことだ。もしあるのなら、彼らだけがマーケティングの責任を負うべきだとは思わないことだ。経理は部門だが、マーケティングはそうではない。マーケティングは、会社のみんなが行うものである。三六五日、二四時間いつでも。

何かコミュニケーションの手段があるのなら、マーケティングはできる。

・電話に出るときもマーケティングだ。
・メールを送るときもマーケティングだ。
・あなたの製品が使われるときもマーケティングだ。
・ウェブサイトに書き込む言葉もマーケティングだ。
・もしソフトウェアを作ったら、エラーのメッセージもマーケティングだ。
・もしレストランを経営しているなら、ディナー後のミントキャンディもマーケティ

スターは一夜にしてならず

ングだ。

・もし店を経営しているなら、レジのカウンターもマーケティングだ。

・もしサービス業ならば、請求書もマーケティングだ。

知るべきは、こうした小さなことこそが、何がタダで与えられるかよりも大切だということだ。マーケティングは独立した出来事ではなく、日々やっているすべてのことの集まりなのだ。

「一夜にして成功」はない

大きな成功はすぐには生まれない。急に金持ちになることもない。あなたはみんながすぐに注目するような特別な存在ではない。誰もあなたを気にかけない。少なくとも今は。そんなものだ。

一夜にして成功したという話を聞いたことがあるだろう。それは話のすべてではない。深く掘り下げてみると、たいていその大きな成功を得るために長年懸命に働いてきた人たちを見つけるだろう。まれに成功が突然やってきても長くは続かない。それを支える土台がないのだから。

一夜で成功をつかむ夢は諦めて、ゆっくりとした、確かな成長を考えよう。つらいが、我慢強く待つしかない。コツコツと努力を重ねることだ。良識ある人に評価してもらうには長い時間がかかるものだ。

PR会社を雇えばプロセスを早くすることができると思っているかもしれない。惑わされないこと。まだそんなことをするにはタイミングが早すぎる。まずPR会社は高くつきすぎる。一流のPR会社になると月に一万ドルはゆうにかかってしまう。今の段階では、それは金の無駄遣いでしかない。

あなたは無名で、誰も聞いたことがない製品を売ろうとしているのだ。誰がそんな奴の記事を書くだろうか？　誰が気にかけてくれるだろうか？　一度、いくばくかの顧客がつき、会社の歴史を刻み始めたのなら、人に話せるようなストーリーができあがるだろう。だが、ただ立ち上げただけでは、いいストーリーにはならない。

覚えておいてほしいのは、偉大なブランドはいつも、PRキャンペーンなしで立ち上げられたということ。スターバックス、アップル、ナイキ、アマゾン、グーグル、スナップル。どの企業も、時間とともに一流のブランドになったのだ。最初から大規模なPR戦略を行ったわけではない。

まずは観客を得ることから始めよう。あなた自身の言葉に興味を持ってくれる人たちを見つけるのだ。そして、地道にそれを続けよう。そのうちあなたの「一夜にして成功」の話をしている人たちを見て笑える日がくるだろう。

自分でやろう

人を雇う

まずは自分自身から

まず自分自身でやってみるまで、誰かを雇ってはいけない。まず自分で、仕事の本質を理解しよう。うまくいく仕事とはどういうものか。どんな事業計画書を書くか、また面接でどんな質問をすべきかもわかるだろう。人をフルタイムで雇うか、パートタイムで雇うか、外注するか、それともやはり自分でやってしまうのか（できればこれが望ましいが）がわかるだろう。

前にしたことのある仕事なら新しい人たちのマネジメントもうまくできる。いつ注意し、いつサポートすればよいのかもわかる。

37シグナルズでは、メンバーの一人が自力で多くのサーバーのセットアップにひと夏を費やした後、初めてシステム管理者を雇った。最初の三年は、メンバーの一人が顧客対応をすべて一人でやっていた。その後ようやく専任の担当者を雇ったのだ。僕たちは、人に託す前にできる限り自分たちでやってきた。このように、一度やったことがある仕事にはどういう人が必要なのかわかるのだ。

時には畑違いを痛感するかもしれない。全然うまくできなかったとくさることがあるかもしれない。それでもいい。その感覚を自分で学びながら克服するのか、他人を雇って克服するかの違いだ。まずはやってみること。最初の試みを後で諦めることになっても、得た知恵は何倍もの価値となって戻ってくる。

それにビジネスの全面に密に携わるべきだ。でなければ、他人の手に自身の運命を預けることになる。それは危険なことだ。

限界で人を雇う

限界で人を雇う

喜びを得るために雇うのではない。苦しみを消すために雇うのだ。もし誰かを雇わなければどうなるか、と自問してみることだ。負担になっている時間外の仕事は本当に必要なのだろうか。ソフトウェアを一つ導入することで、またはやり方を変えることでその問題を解決できないだろうか。単にしなくていいことなのではないか。

同様に、誰かが抜けることになってもすぐに代役を立てないことだ。その人、そのポストがいなくて、どれくらいやっていけるのか試してみるのだ。あなたが思っているほどの人数は必要ないと気づく場合もある。

人を雇うのによいタイミングは、定められた期間内であなたの限界を超えた仕事があるときだ。もはや自身では手がつけられないものもある。品質の低下が目立ち始める。それが限界の時だ。その時こそ人を雇うのであって、その前の段階ではない。

PASS ON GREAT PEOPLE

有能でも雇わない

無用な人は雇わない

とりつかれたように人を雇う会社もある。人を募集していないのに人を雇うことさえある。たとえば、優秀な人間がいると聞けば、ポジションや役職を作ってまでスカウトする。そしてそんな人間が居座ることになる。重要でない役職、しなくていい仕事のために。そんな企業になってはいけない。

たとえ有能な人でも、必要のない人間を雇うことはない。有能な人を雇っても何もやることがないのでは、あなたの企業には百害あって一利なしなのだ。

問題が起こるのは、必要以上の従業員がいるときだ。みんなを忙しくさせるために仕事をわざわざ作り始めるようになる。うわべだけの仕事はうわべだけのプロジェクトとなる。そこからばかにならない経費が生じ、複雑にもなる。それにそんな重要でない仕事をしたい人間がいるだろうか。

「逃した魚」のことを気に病む必要はない。意味のないことをしているスタッフがいることのほうが良くない。外を見渡せば、有能な人はたくさんいる。本当に必要な時に、最適な人を見つけられるだろう。

HELLO MY NAME IS
BOB
Harry
Ann
HELLO MY NAME IS
John
HELLO MY NAME IS
Joe
HELLO MY NAME IS
Mary
HELLO MY NAME IS
NATHAN
はじめまして。
私の名は○○です……

才能があるかないかは関係ない。人が必要ないのなら、必要ないのだ。

会社を「知人のいないパーティー」にしない

知り合いのいないパーティーへ行っても会話もはずまず退屈だ。天気やスポーツ、テレビ番組など、たわいもない話にとどまり、深い話や議論をする気にはならない。だが、昔からの友人同士の小さくて親密な食事会となると話は別だ。本当におもしろい会話や熱い議論がある。夜の終わりには得したいい気分になるはずだ。

短期間に多くの人を雇うと「知人のいないパーティー」になってしまいがちだ。いつも新しい顔があるのでみんなが常によそよそしくなる。みんなが対立や劇的な反応を避ける。「そんなアイディアはダメだ」とは誰も言わない。さしたる反対もなく、ただ平穏に事が進められるのだ。

そうした状況から会社に問題が生じてくる。物事が厳しくなったときにみんなが率直に自分の意見が言えるような環境が必要だ。それがないと、人の感情は傷つけないが誰にも愛されない商品を作ることになる。

だから少しずつ雇う。これが唯一「知人のいないパーティー」の様相を避ける方法だ。

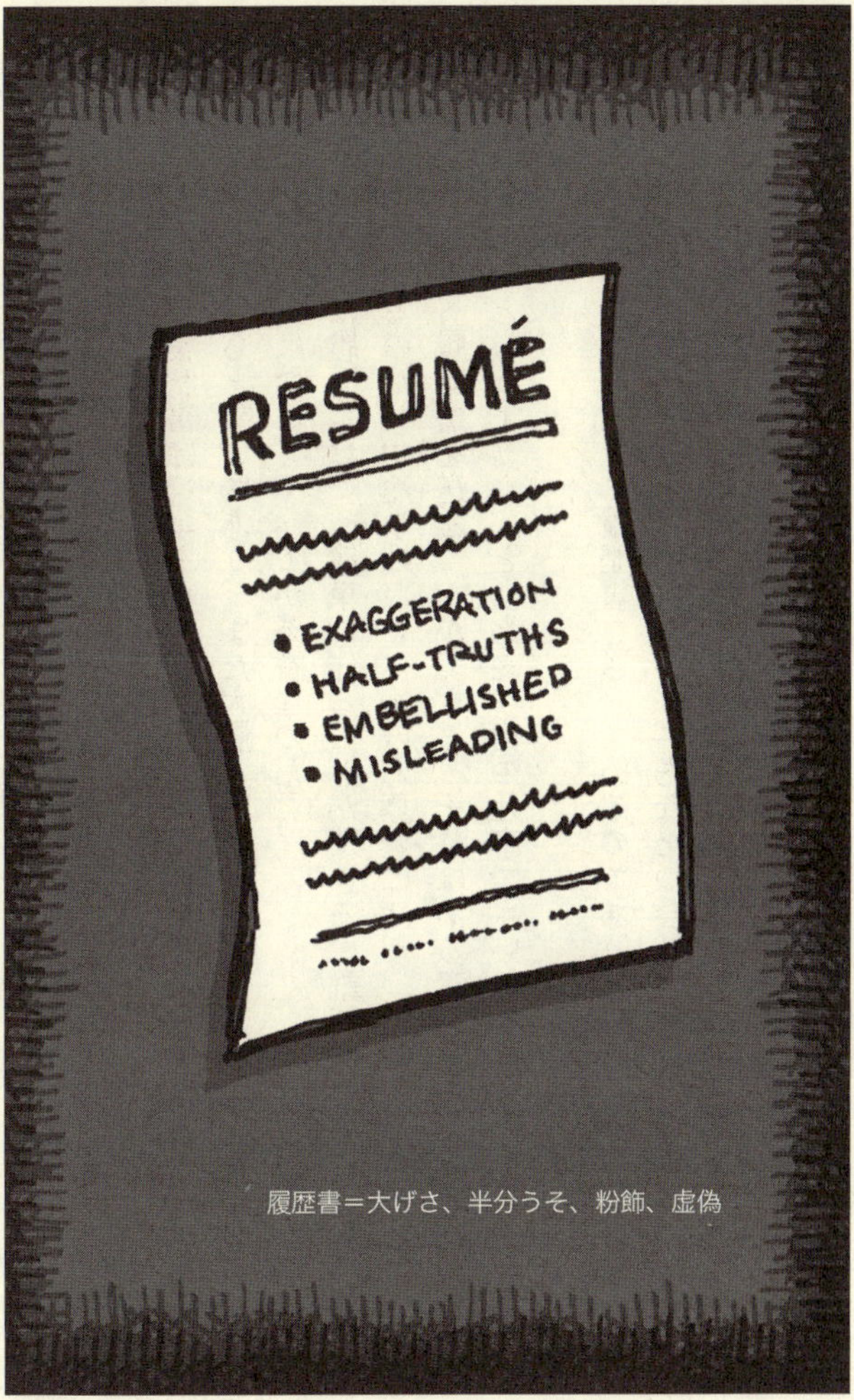
RESUMÉ
• EXAGGERATION
• HALF-TRUTHS
• EMBELLISHED
• MISLEADING
履歴書＝大げさ、半分うそ、粉飾、虚偽

履歴書はばかばかしい

僕たちはみんな、履歴書はジョークだと知っている。誇張されているのだから。意味のない言葉がつらつらと書いてあり、また大層な職歴や肩書きが並べられているが、それらを確かめる方法はない。すべてが茶番なのだ。

さらに、最近では履歴書はごく簡単に作ることができる。誰でもきちんとした履歴書を作ることができるのだ。中途半端なレベルの応募者にはうってつけだ。彼らは、一度に数百もの応募先へ履歴書を送ることができる。それはある意味でスパムだ。彼らは、この仕事をしたいというよりも、とりあえず何の仕事でもいいからやりたいという思いなのだ。

もし誰かが三〇〇もの会社に履歴書を送っているのであれば、それは赤信号だ。応募者はあなたの会社について調べてはいないし、あなたの会社と他がどう違うのかも知らない。

もし、そんなろくでもないものに基づいて雇うのなら、人を雇うことの意味をあなたはわかっていない。あなたが雇いたいのは、あなたの会社、製品、顧客、そして仕事自体に興味を持っている特別な人間のはずだ。

では、そんな人間をどのようにして見つけるのか？　第一歩は、履歴書に添付されているカバーレターをチェックすること。そこには、ぴんとこない職歴や資格の一覧のかわりに実際のコミュニケーションがある。応募者は何百もの相手に一つ一つ個別の手紙を書くことはできない。それが、カバーレターが履歴書よりはるかに良いチェック項目である理由だ。応募者の実際の声を聞くことで、あなた自身や会社に本当に興味を持っているのか、相性がよいかがわかるのだ。

あなた自身の直観を信じよう。もし文章の初めに違和感を感じれば、続きの文章から印象が変わることはないだろう。最初の三行でしっくりこなければ、残念ながら縁がない。逆に、もし直観で本当に縁があると思ったのなら、面接のステージに進めよう。

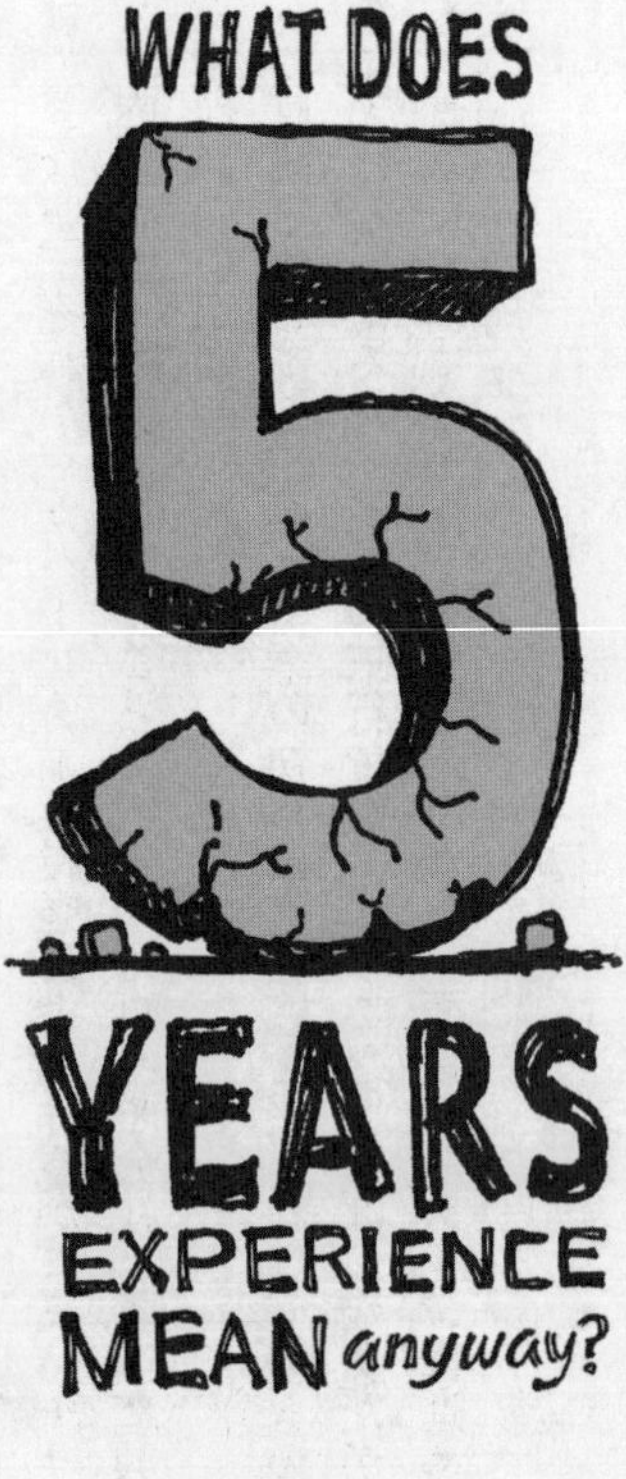

5年の経験。それで？

経験年数は意味がない

よく「五年の経験が必要」という求人条件を見かける。それは、数字こそ示してくれるが、それ以外のことはまったくわからない。

もちろん、人を雇うときにある程度の経験が指標になることもある。半年から一年の経験がある人を雇うのは確かに意味がある。専門用語に慣れ、物事がどう動くかを学び、関連するツールを理解するにはそれくらいはかかる。

だがその後、成長曲線は平行になる。驚くべきことに半年の経験のある人と六年の経験のある人は大差ない。本当の差は、応募者自身の熱意や個性、知性に表われる。

それをどのように測るのか？　五年の経験とは何を意味するのだろうか？　もし数年前から、週末に個人的に勉強していたら、それは経験のうちに入らないのだろうか？　しかし会社はそれを確かめようがない。

経験の長さは過大評価されている。大切なのは、どのくらい質の高いことをしていたかなのだ。

GPAs DON'T MATTER

成績は重要でない

学歴は忘れること

私は学校に教育の邪魔をされないよう心がけてきた。

マーク・トウェイン

学歴を求める企業は山ほどある。彼らは（時には専門領域での）学位や、修士・博士号、ＧＰＡ（成績平均値）や、何か別の資格などの基準だけで人を雇おうとする。それは愚かとしか言いようがない。学校の成績が悪くても優秀な人間はたくさんいる。「最高の」学校から人間をとれば結果が出ると考えるようになってはいけない。現在のアメリカのトップ五〇〇の企業のＣＥＯの九〇パーセントは、名門私立大学の連なるアイビーリーグの大学の卒業生ではない。実際、ハーヴァード大学（アイビーリーグ内では一番多い九人のＣＥＯを出している）よりもウィスコンシン大学の卒業生のほうが多いのだ。

アカデミックな環境に長くつかりすぎると、実際弊害も多い。たとえば、文章を書くとき。学校を出るときには、学校で覚えた文章の書き方は忘れなければならない。学校で習う間違った教えはいくつかある。

・文章は長ければ長いほど良い。
・話し言葉で書かない。フォーマルな、きちんとした文体で書け。
・難解な言葉を使うと効果的だ。
・評価を得るためには、一定の字数や枚数が必要だ。
・内容と同じくらい、またはそれ以上に形式が重要だ。

となると、ビジネス書というのは、どうでもいいことが書かれたナンセンスで無味乾燥な文章だ。人は、学校で覚えた悪しき習慣をずっと続けているのだ。学問的文章だけではない。学者の世界では役に立つ能力も、その外に出てしまえば価値がなくなってしまうものが多いのだ。

結論。有望な人材は、学校を突出した成績で卒業した層の外にもたくさんいる。大学を中退した人、成績が良くなかった人、短期大学卒や高卒の人も考慮に入れるべきだ。

仕切り屋は重荷に

全員が働く

小さなチームでは、人に仕事を振る人間ではなく、働いてくれる人間が必要だ。全員が何かを生み出さなければならない。結果を出さないといけないということだ。

つまり、他人にこれをしてと言うばかりの仕切り屋を雇ってはいけないのだ。彼らは、小さなチームのお荷物だ。彼らはどうでもいい仕事を引っ張ってきては、チームのプロジェクトを妨げる。割り当てる仕事がなくなると、どれほど必要かも考えずに、さらに新しい仕事を作ろうとするのだ。

人に仕事を任せる人は、まわりを会議に巻き込むのも好きだ。実際、会議は彼らの大親友だ。会議では彼らが重要に見える。一方、出席する他の人たちは、実際の仕事をする時間が削られてしまう。

「セルフマネジャー」を雇う

「セルフマネジャー」を雇う

自分をマネジメントできる人は、自身の目標を設定し、それに向けて行動する人だ。彼らは、あれやこれやと指示を必要とせず、毎日の細かなチェックも必要としない。彼らは、管理職がやること（歩調を合わせて、仕事を割り当て、仕事に必要なものを決める）を、自分で自分のためにする。

彼らと働くのは楽だ。彼らは、自分の方向を自身で打ち出す。彼らを放っておくと、いかに彼らが仕事をこなすかに驚くだろう。彼らは、必要以上の指示やマネジメントを必要としない。

そういう人たちをどう見つけるか？　彼らのバックグラウンドを見てみることだ。彼らは仕事にどのように取り組むかいろいろ試行錯誤したはずだ。彼らは何かを独力で行ったはずだ。何かプロジェクトを立ち上げたはずだ。

雇うべき人というのは、ゼロからプロジェクトを立ち上げてやり遂げられるような人だ。そうした人がいれば、プロジェクトチームのほかのメンバーは今以上に仕事が進み、管理すべきことも少なくなるのだ。

文章力のある人を雇う

文章力のある人を雇う

もし、選考の過程で誰を雇うか決めかねているときには、文章力の有無は一つの大きな選考基準になるだろう。マーケターでもセールスマンでも、デザイナーでも、プログラマーでも、どんな職種でも、文章力は大きな要素となる。

文章力がある人はそれ以上のものを持っている。文章がはっきりしているということは、考え方がはっきりしているということだ。文章家は、コミュニケーションのコツもわかっている。物事を他人に理解しやすいようにする。他人の立場に立って考えられる。彼らは、何を省けばいいかもわかっている。そんな能力こそ必要なはずだ。

それに社会的にも、最近また文章力は見直されている。今や、電話よりもメールや文章でのやり取りのほうが圧倒的に多い。ＩＭやブログでのコミュニケーションも増えている。今日、文章というのは良いアイディアを導く通貨なのだ。

最高の逸材はどこにでも

逸材は世界中に！

近くに住んでいないからといって、理想の人材を雇わないのはバカげている。技術も発達して、オンラインで人をまとめるのがはるかに簡単になった現代では特にそうだ。僕たちの本拠地はシカゴにあるが、チームの半分以上がシカゴ以外のあちこちに住んでいる。スペイン、カナダ、アイダホ、その他の場所に住む人を雇っている。仮に雇い入れる人間をシカゴだけに絞っていたら、今いるすばらしいメンバーの半分以上には出会えなかったのだ。

場所の離れたメンバーどうしで確実に連絡を取り合うには、少なくとも一日のうち数時間、全員の労働時間がリアルタイムで重なるコアタイムを作ることだ。時差の都合で仕事の時間がまったくかみ合わないのは厳しい。そんな状況になったら、同じ時間を共有できるよう、誰かが少し遅く(または早く)始業して、時間を調整する必要がある。八時間すべてを合わせる必要はない(実際、僕たちも完全に時間を合わせないほうがいいと気づいた。一人の時間も大切だ)。二時間から四時間ほど合わせられれば十分だ。

また、直接会う機会を作ることも大切だ。少なくとも二、三カ月ごとに会うべきだろう。僕たちも最低年に二、三回はメンバー全員が集まるミーティングを行う。そういうときは、今までの仕事を振り返り、良かったことや悪かったことを議論し、先のことを計画する。また、お互いのことを個人的に知るのにも最適だ。

地理はもはや重要な問題ではない。どこに住んでいるかではなく、最高の逸材を雇うのだ。

社員をテストドライブする

面接だけでは十分ではない。プロっぽく話す人が実際働くとプロには程遠いこともある。必要なのは、今から何ができるかを評価することであって、過去に何をしたかという彼らの話ではないのだ。

一番良いのは、実際の仕事ぶりを見ることだ。二〇時間から四〇時間程度でもいいので、小さなプロジェクトに実際に入ってもらう。そうすればその人の判断力がわかるし、一緒にやっていけるかどうかもわかる。彼らがどんな種類の質問をするのかもわかる。彼らの言葉ではなく行動から判断することができるだろう。

これは模擬プロジェクトでもかまわない。BMWは、サウスカロライナの工場にシミュレーション用の組み立てラインを作り、そこで実際の仕事に沿った様々な作業を九〇分間、求職者に行わせるのだ。

航空機メーカーのセスナは、マネジャー候補に実際のマネジャーの仕事を疑似体験させるロールプレイングの仕組みを採用している。候補者は書類の処理や、（架空の）クレーム対応、その他の問題の対処を行う。セスナはこのシミュレーションを使って、一〇〇人以上の人間を雇ってきた。

こうした企業は同じことに気づいた。実際の仕事の環境に入れば本質が見えてくるということだ。履歴書や面接では見えない一面が、実際に一緒に働くことで見えてくる。

OWN your BAD NEWS

悪いニュースは自分のものとする

ダメージ・コントロール

過ちへの対応は自分でひきうける

間違いが起これば人はそれを話題にする。ならばあなた自身が最初にその役目をひきうけよう。そうでなければ、事情を知らない人たちにあらぬ噂を立てられ、嘘の情報が出回ることになる。

悪いニュースは必ず顧客に知らせる。たとえまだ誰も気付いていなかったとしても。臭い物に蓋はできない。隠れようとも考えないことだ。いまどき自分で自分の間違いを認めなければ他の人がオンラインでうるさく宣伝してしまう。秘密なんてないのだ。

人は自然と開放的で正直なほうに惹かれるものだ。危機に直面したときこそ責任感を見せよう。広報の陰に隠れたり、悪いニュースを隠したりしないように。顧客にはできるだけ情報を提供しよう。

一九八九年、エクソンのオイルタンカーがアラスカのプリンスウィリアム湾で座礁し、一一〇〇万ガロンの原油が流出した事故があった。エクソンの対応は鈍く、アラスカに救援を送るのにも時間がかかった。エクソンの社長がアラスカへ赴いたのは事故から二週間後で、遠い現地で行われた記者会見にはマスコミもなかなか行けなかった。これは、PR上の大失敗である。世間に隠し事をし、別に事故は大したことではない、と言い張ったも同じだ。

それに比べ、ピッツバーグ近郊で同時期に起こったアッシュランド・オイル社の原油流出事故は対照的だった。アッシュランド社長のジョン・ホールはすぐ事故現場へ向かい、すべてを除去すると誓ったのだ。さらにみずから報道機関に出向き、これから何をするかを説明し、世間の質問にも答えたのだ。その日のうちに「腐敗した石油会社がまたやらかした」という論調を「善良な石油会社が善処しようとしている」に変えたのだ。

間違いを自分の物にする方法は以下のとおり。
・メッセージはトップから発する。最上位の人間が力強く指揮をとる。
・メッセージをできるだけ広範囲に発信するためにできる限りのことをする。臭い物

スピードはすべてを変える

に蓋はご法度《はっと》。

- 「ノーコメント」は選択に入れないし、あってはならない。
- 人間として謝罪し、事故の詳細を説明する。
- 誠実に顧客のことを考え、行動で示す。

対応の速度はすべてを変える

「お電話ありがとうございます。もう少しご辛抱ください。平均待ち時間は約一六分です」。冗談じゃない。

顧客サービスで最も大事なのは、すぐに返事をすることだ。素早く反応することで悪い状況を良い状況に転じることができる。

メールを出してから返事がくるのに何日、何週間と待たされた経験は？　どういう気持ちになっただろう？　近頃「待たされる」のが通常化してしまったせいか、「待つ」ことが普通だと思い込んでいる人が実に多いのだ。人々は「お客様が第一です」という決まり文句ばかり聞かされているのだ。

だから多くの質問は攻撃的な口調になってしまうのだ。その中の何人かはあなたを脅迫したり悪口を言ったりするかもしれないが、真に受けてはいけない。彼らはそれが唯一「聞いてもらえる」方法だと知っているのだ。うるさく騒げば相手にしてもらえると思っているわけだ。

一度でも素早く対応すれば、状況は一八〇度変わる。彼らは途端に丁寧になり、むやみに礼を言うだろう。

特に個人的に返事をするとそうだ。顧客は定型の回答に慣れていることが多いので、思慮深い返事をすることによって、他と違って実際に顧客の問題に関心を持っているという姿勢を見せることができるのだ。たとえ完璧な答えでなくてもかまわない。何か一言言うだけでいいのだ。「ちょっと調べて折り返しご連絡いたします」だけで事がうまく進む。

申し訳ありません
I'm Sorry.
WE "APOLOGIZE" FOR ANY INCONVENIENCE THIS MAY HAVE CAUSED
当社の従業員のせいで
生じた御不便をお詫び
します……

謝り方を知る

正しい謝り方なんてないが、間違った謝り方は山ほどある。最も悪いのは「本当は謝っていない」謝り方だ。たとえば「ご迷惑をおかけしたならすみません」や「あなたの期待にそえず残念です」など。

良い謝り方とは、責任を認めるものだ。「もし」ではなく、実際に起こった事態の詳細とこれから改める方針を含み、悪い事態を直そうという意図がはっきりしているものだ。

もう一つの悪い例。「(このことで）生じた御不便についてお詫びします」。どうしてこれが悪いか見てみよう。

まず、地下鉄で人にコーヒーをかけてしまったとき、「お詫びします」と言う人がいるだろうか。「申し訳ありません」「ごめんなさい」ならあり得る。もし、あなたのサービスが顧客にとって大事なものであれば、そのサービスが中断されることは人にコーヒーをかけるのと同等なのだ。だからこそ、その場にあう正しい言葉遣いとトーンを心がけなければならない。さらに「私」が謝るほうが「私たち」が謝るより感じが良い。

顧客があなたのサービスを頼りにしていて、もしそれを使えなくなったら「危機」であり、「不便」なんてものではない。不便というのは食料品店の長い列のようなもののことをいう。そんなものではないはずだ。

こういう謝り方は、顧客が問題だと思っていることをバカにしたも同然だ。曖昧な言動はやめるべきだ。

どの方法が最適な謝り方かといえば、ずばりこれだ、というようなものはない。そんな謝り方は一般的すぎて感じ悪いだろう。その時その時で対応するしかない。

謝り方の原則は、それを受ける側だとしたらあなたはどう感じるか、もし、それを言われたらあなたは相手を信じるか、を念頭におくことだ。

謝ればバカであることを許してもらえるとは思わないことだ。最高の謝罪も信用がなければ助けにはならない。何か問題が起きるまでのあなたの言動すべてのほうが、謝罪の言葉よりも重要になってくる。これまで顧客とうまく接してきたのなら、きちんと謝れば、それを信じて多少は大目に見てくれるだろう。

EVERYONE
ON THE
FRONT
LINES
EXECS
MKTG
SUPPORT
HR
全員を最前線へ

全員を最前線へ

レストラン・ビジネスでは調理場で働くのと客と接する仕事とでは雲泥の差がある。料理学校や小さなレストランはお互いにそれを理解することが大事だとわかっている。だからこそ頻繁にシェフにウェイターの仕事をさせたりする。そうすることによって調理場スタッフにも最前線に立つことがどういうことかをわかってもらえるわけだ。

多くの会社もこれと似た二つの部分からできている。商品を作る者は「調理場」で働き、サポートが顧客と接する。残念なことにそれでは製品の「シェフ」たちが顧客の生の声を聞く機会がない。客の意見を聞くのは、商品の強みと弱みを知る一番の方法だ。

「伝言ゲーム」という子供たちの遊びがある。一〇人の子供が輪をつくり、一人がメッセージを隣の子にささやく。一〇人目にたどり着いたときにはたいていメッセージは歪んでいる。元は意味の通った文だったものが、しまいにはメチャクチャになる。その輪にいる人数が多ければ多いほど、メッセージも歪む。

会社でも同じだ。顧客と作り手の間に人が多いほど、顧客の声は歪んだり失われたりしていく。

チーム全員が顧客とかかわりをもたなければならない。もちろんいつもではなく、年に二、三回でもいい。これこそ、チームが顧客の気持ちを理解する唯一の方法だ。顧客の不満を共有すれば問題を解決する気になるし、顧客のうれしさが伝わってくれば、大きな刺激になる。

よって、製品を作る者を顧客のフィードバックからかばってはいけない。直接の批判はみんなで受け取ろう。

顧客と接する暇などない、と思っているなら、その暇を作らなければいけないのだ。クレイグスリストのクレイグ・ニューマークは、いまだにサポートのメールに（できるだけ数分以内に）対応している。彼はみずから人種差別的なコメントをフォーラムから削除したり、現実に存在しない物件の宣伝があれば不動産協会に苦情を申し立てたりしている。彼のような有名な人でも顧客に対応できるなら、あなたにもできる。

TAKE a
DEEP
Breath
深呼吸して

文句は放っておく

ボートを揺らせば波も立つ。新しい機能を導入する、方針を変える、何かを削除するといったことの直後は必ず反動があるものだ。それらに対応するためにパニックに陥ったり、すぐに前言を撤回したりする必要はない。最初は感情的反発が起こる。それが普通。最初の一週間を乗り切れば、落ち着くものだ。

人は習慣の生き物だ。何かが変わるだけでネガティブな反応を示す。習慣が乱されると反発し、文句を言い、元の状態に戻せと訴える。

だからといって、それにすぐ反応してはいけない。もし決断に自信があるのならば、不評でも突き進まなくてはならない。

人は変化に対して公平なチャンスなど与えない。最初の拒否反応は本能的なものなのだ。「これほどひどい変更は見たことがない」と言われた？　そんなことはない。マイナーチェンジじゃないか、気にしない。

覚えておくべきことは、ポジティブな意見よりネガティブな意見のほうがうるさく情熱的であることだ。多くの顧客が変化に満足していても、マイナスな意見しか聞こえていないかもしれない。論議の的になったからといって、バカみたいに後退しないことだ。

人が文句を言うときは、しばらく放っておくことだ。聞いていることを示し、不満を理解していることも知らせよう。だが、しばらく様子を見てみたいとはっきり言うことだ。たいていの場合、人はいずれ自分たちで変化に適応する。一度新しい方針に慣れればそのほうが前より良いと思うものだ。

CULTURE IS THE BY-PRODUCT of CONSISTENT BEHAVIOR

文化とは普段の振舞いの副産物だ

文化

文化はつくるものではない

即席でつくった文化は人工的だ。ミッション・ステートメント、宣言、ルールからなるビッグバンみたいなものだ。わざとらしくて、醜く、見せかけだけだ。即席の文化は絵の具のようなもので、本物の文化は緑青《ろくしょう》のようなものだ。

文化はつくるものではない。自然に発達するものである。だからこそ新しい会社には独自の文化がないのである。文化とは普段の振舞いの副産物だ。わかち合いを奨励しているる会社では、それが文化に組み込まれる。信頼を重視すれば、それが組み入れられる。もし、顧客を大事にしているなら、それが文化になる。

文化とは方針ではない。社内のサッカー盤や、社員の信頼を深める研修、クリスマス

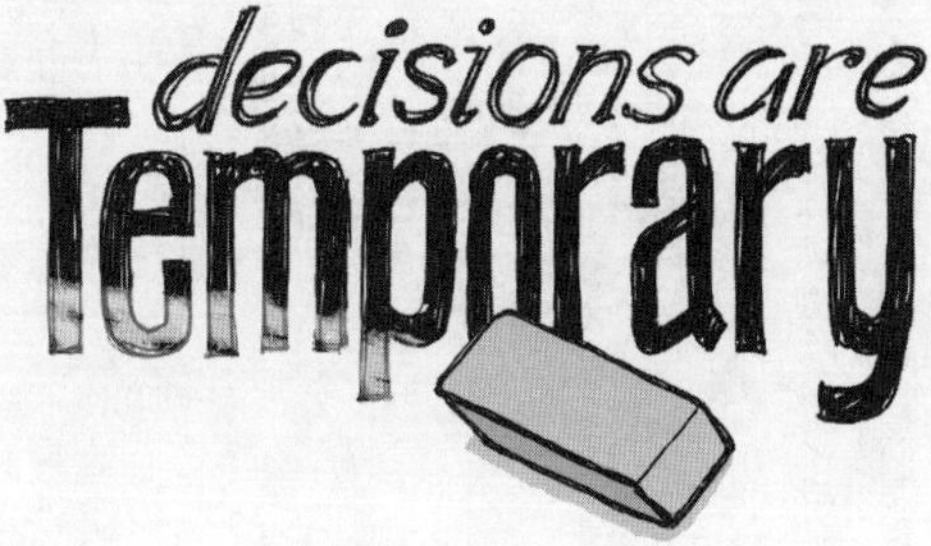

決定は一時的なもの

パーティーやピクニックでもない。それらはただの物や行事で、文化とは程遠い。スローガンでもない。文化とは行動であり、言葉ではない。

無理に文化をつくろうと考えないことだ。上等のスコッチのように、熟成には時間がかかるのだ。

決定は一時的なもの

「もしかしたら」

「これが起こったとしたら」

「この場合のためのプランも考えなくては」

まだ起こっていない問題を作ってはいけない。現実に問題になってから考えれば良いことだ。多くの「もしも」は起こらない。

今日の決定は永遠ではない。良いアイディア、面白そうな方針、価値ある実験は、長持ちするだけのつまらない案に簡単に置き換えられがちだ。小さなビジネスにおいては、そうであってはいけない。状況が変わればあなたの決定を変えればいい。決定とは一時的にそうしようということにすぎない。

BUILD A ROCKSTAR ENVIRONMENT

「ロックスター環境」をつくろう

この時点で、あなたのコンセプトが五人から五〇〇〇人（あるいは、一〇万人から一億人にまで）に通用するかどうか心配するのはバカげている。製品やサービスをスタートするだけで大変なのに、他の問題を作る必要がどこにあるだろう。とりあえず最適化し、未来に起こることは未来に任せるのだ。

小さいチームの大きな利点は方針をすぐ変えられることだ。大きな会社と違い、素早く動けるのだ。だからこそ、「今日」に視点を合わせ、明日のことは明日考えればいい。そうしなければ、時間やエネルギーを起こりえない問題に注ぐことになってしまう。

ロックスターは環境がつくる

多くの会社が「ロックスター募集」とか「忍者を求む」、というような求人広告を出している。くだらない。あなたの社にグルーピーや手裏剣が必要なら別だが。

できるだけ多くのロックスターを部屋に押し込むのではなく、その部屋自体を見てみることだ。人はダメな仕事も、普通の仕事も、すばらしい仕事もする。それは考えている以上に環境によるところが大きい。環境にこそ目をつけるべきだ。

だからと言って、みな平等に創られているのだからロックスターの環境に入り浸っていれば全員ロックスターになるとは限らない。ただ、はっきりしない方針や指示、複雑な官僚制度のために見えなくなっている才能はたくさんある。バカげた制度を取り除けば、人はすばらしい仕事をするだろう。

これはカジュアルフライデーや、ペット同伴デーみたいなことではない（もしそんなに良いものならば毎日やっている）。

ロックスター環境とは信頼と自律と責任から生まれるものだ。彼らにプライバシー、仕事場、必要なツールを与えた結果である。良い環境は働いている人を尊重している証拠だ。

彼らは13歳じゃない

従業員はガキではない

人を子供扱いすれば、子供のような仕事しかしない。だがこれが多くの会社、多くの管理職の人の扱い方だ。従業員は何をするにも上司の許しがいる。ほんの少しの出費にもいちいち許可が必要だ。クソをしに行くのに許可証が必要でないのが不思議なくらいだ。

何にでも許可を必要とする環境は「何も自分で考えない文化」をつくる。上司対部下の構造を生み、そこに信頼関係などない。

仕事中にSNSをチェックしたり、ユーチューブを見たりするのを禁止して何になるというのだろう。そうしたところで部下は必ず他の気晴らしを見つけるだけだ。

そもそも、あなたはみっちり一日八時間の仕事を従業員からは得られない。八時間の就業時間かもしれないが、それは八時間の仕事ということではない。人には気分転換が必要だ。ちょっとフェイスブックやユーチューブを見たところで問題はないはずだ。

その上、そんなことにあなたが費やす時間と費用を考えてみよう。監視ソフトのコストは？　本当に価値ある仕事のかわりに他の社員を監視している社員のムダは？　誰も

SEND PEOPLE HOME at FIVE

定時に帰宅させよう

読まないルールブック作りに何時間かけているだろうか。換算してみると、社員と信頼関係をなくすことはかなり不経済だと気づくだろう。

五時に帰宅させる

多くの会社では、仕事以外にやることがなく、一日一四時間働いて机の下で寝るような二〇代が理想的な社員だ。

だが、部屋いっぱいにそんな連中を集めても思いのほかうまくいかない。そういう態度こそ「大会社に対抗するにはこのやり方しかない」という神話を作るのだ。大会社の何倍もの時間が必要なのではなく、より良い時間が必要なのだ。

何か家でやらなければならないことがあればあるほど、人は会社で仕事をする。人がオフィスで仕事を終わらせるのは、他にいなくてはならない場所があるからだ。必要があれば人は効率のいい方法を見つける。子供を迎えに行かなくてはならない、聖歌隊の練習がある、だから時間を賢く使う、というように。

「何かを終わらせたければ最も忙しい人に頼む」という言い回しがある。忙しい人たちを求めよう。彼らは仕事以外に生きがいがあり、いくつもの事に関心を持っている。仕

POLICY
規則

事が社員の人生のすべてであってはならない。特に彼らに長く働いてほしいのなら。

大げさに反応しない

まずいことが起こると、新しい規則を作りたくなるかもしれない。「誰かが短パンをはいてきた？ 服装規定が必要じゃないか！」。いや、そうではなくて、短パンをはいてきた奴に忠告すればいいだけの話だ。

規則とはそんなに起こらない状況に会社が大げさに反応した傷痕だ。一人の間違いに対するみんなへの罰だ。

こうやって官僚制度は生まれる。誰かがそれを望んだわけではないが、いつの間にか社の一部となっている。一つ一つの規則《きずあと》とともに。

だから大げさな反応はやめなくてはならない。ただ一人の間違いから規則を作らないことだ。規則とは何度でもあり得る状況を想定して作るものだ。

SOUND LIKE YOU

あなたらしく

あなたらしく話す

ビジネスに携わる人はよく偉そうにする。堅苦しい言葉遣い、格式ばった発表、不自然なうわべだけの親しさ、難解な法律用語など、なんとかならないものか。それを読むとロボットが書いたみたいなものばかりだ。こういう会社はあなたに語りかけていない。ひたすらあなたに宣伝しているだけだ。

見かけだけのプロ精神なんてバカげている。わかりきっていることだ。なのに、いまだに小さな会社はそれを真似ようとする。自分たちをプロフェッショナルに見せて、大会社の仲間入りをしたと思っているらしい。これは単に滑稽《こっけい》だ。さらに、小さな所帯であるがゆえのメリット、つまり、単刀直入に言いたいことをはっきり言える立場を犠牲にしている。

あなたらしくていけないことはない。正直であることもスマートなビジネスにつながる。言葉は第一印象だ。なぜ嘘から始める必要がある？　自分自身であることを恐れてはいけない。

これはメール、郵便物、インタビュー、ブログ、プレゼンテーションなど、言葉を使うあらゆる場面で同じことがいえる。顧客と話すときには友人と話すようにしてみよう。隣に座っているかのように説明しよう。専門用語や美辞麗句も無用だ。流行語だって必要ない。「マネタイズする」とか「透明性を保つ」ではなく、「儲ける」や「正直でいる」というふうに。

それから、メールの終わりに「このメールは機密情報を含みうるので受取人以外への転送・回覧はご遠慮ください」なんて文言を社員に付けさせてはいけない。会社のメールすべてに「あなたを信用していません。文句があるなら裁判所で会いましょう」とメッセージを入れるも同然だ。

読まれるために書くのであって、書くためだけに書くのではない。何かを書いたら、朗読してみよう。人と話しているときのように読めるだろうか？　どうしたらもっと会話調にできるだろうか？

書き物は格式がなければいけないなんてことはない。誰があなたの性格を押し殺した書き方をしろと言った？　規則なんて忘れて、コミュニケートするのだ。

あなたの言葉を読むであろう人たち全員のことを考えながら書いてはならない。一人のことを考え、その人のために書こう。多数の人のために書くと大雑把《おおざっぱ》でギクシャクした文になってしまう。ターゲットを定めれば、言いたいこともまとまってくるだろう。

NE*D!
ひ○よう
C*N'T!
でき○い
E*SY!
かんた○
F*ST!
は○く

四文字言葉

ビジネスでは絶対に使ってはいけない四文字言葉がある。スラングではなく、「必要(need)」、「しなければ(must)」、「できない(can't)」、「簡単(easy)」、「ただ(just)」、「だけ(only)」や「早く・速く(fast)」だ。これらの言葉はわかりやすいコミュニケーションを妨げるものだ。悪意をしのびこませ、良い話し合いを殺し、プロジェクトを遅らせる。

これらの四文字言葉を使うと二択の状況を作ることになる。真実が白か黒かの二択であることはまれだ。だから人は混乱し、問題はあとを絶たない。悲しいことに緊張と矛盾がはびこる。

どこが悪いのか分析してみよう。

「need」本当に少数のものしか「必要」ではない。「必要」のかわりに「もしかして」や「これはどう思う?」、「このほうがしっくりくるんじゃないか?」と柔らかい言い方ができる。

「can't」あなたは「できない」と言うかもしれないが、たぶんできるだろう。たまに正反対の「できない」が共存する。例えば、「なんとなく合っていないからまだ発表できない」と「発表するからこれ以上これに時間を費やすことはできない」。どちらも正しいなんてあり得ない。それともあり得るか？

「easy」他の人の仕事を見てよく言う言葉は「簡単」だ。「そんなこと簡単だろ？」。でも、人が自分の仕事のことを簡単だ、と形容するのはまれだ。あなたにとって、「調べてみる」は他人にとって「早くやってしまえ」なのだ。

これらの四文字言葉はよく議論の際に出てくる。もちろん、同類の「みんな（everyone）」、「誰も……ない（no one）」、「いつも（always）」や「まったく（never）」等の存在を忘れてはいけない。一回口にされると、解決にたどり着き難くなってしまう。絶対的な二つの事実であなたを隅へ追いやり「曖昧」なものを無視してしまう。

これらの言葉を一緒にするのは特に危険である。「この機能は今必要だ。これ無しでは発表できない。みんな欲しがる。ほんの小さいことなんだから簡単だろう。早くできるだろ」。単語の数は数え切れるが、このリクエストはなんと一〇〇以上の想定の可能性を生んでしまうのだ。これこそ災難へのレシピだ。

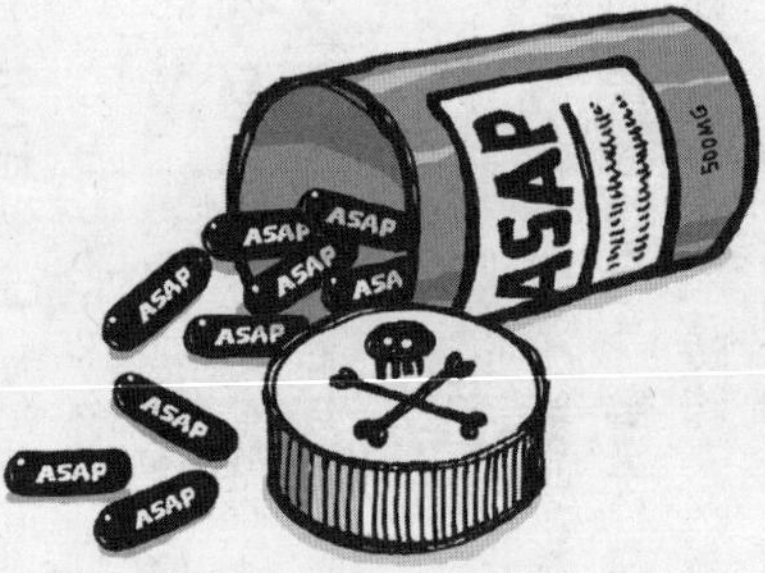

「なるたけ早く」は毒

「なるたけ早く」は毒

「なるたけ早く」と連呼してはいけない。そんなことはわかってる。みんな何でもできるだけ早くやってもらいたいものだ。

どんな要請の終わりにもいちいち「なる早で」と付けていたら、すべての要請が最重要だと言っているのと同じだ。もしすべてが最重要であるのならば、何も最重要ではないということになってしまう(何を優先するか考えてみるまではすべてが最も重要だなんて不思議な話だ)。

「なるたけ早く」はインフレを起こす。「なるたけ早く」と記されていないものの価値を下げてしまう。いつの間にか、やらなければならない仕事すべてに「なるたけ早く」が付けられる。

大多数のものは、これほどのヒステリーを起こすに値しない。今すぐにその仕事が終わらなければ人が死ぬわけでもない。誰もクビにされるわけでもないし、会社が大出費するわけでもない。「なるたけ早く」の多用は余計なストレスを生み、社員の燃え尽きやもっと悪い事態につながりかねない。

本当の緊急時以外には急がせる言葉は控えることだ。今何かしなければ最悪の事態につながるときだけ。それ以外のときにはリラックスしていればいい。

ひらめきの賞味期限は「今」

最後に

ひらめきには賞味期限がある

みんながアイディアを持っている。アイディアは不死身だ。アイディアは永遠だ。

一方、ひらめきは永遠に持続できるものではない。果物や牛乳のように賞味期限がある。

何かしたいことがあれば、今しなければいけない。しばらく放っておいて二カ月後に取りかかるというわけにはいかない。「後でやる」とは言えない。「後で」ではそんなにやる気満々でもないだろう。

もし金曜日にひらめいたら、土日を返上してプロジェクトに専念するのだ。インスパイアされている間は二四時間で二週間分の仕事ができるものだ。そういう意味ではひらめきはタイムマシンだ。

ひらめきとは不思議なものだ。生産性を高め、やる気をあおる。だが、待っていてはくれない。ひらめきとは「今」のものだ。もし、虜《とりこ》にされたなら、逆に仕事に専念することだ。

この本を読んでくれてありがとう。あなたたちが刺激され、自分の仕事を見直してくれることを祈る。あなたたちがどう変わったかは rework@37signals.com まで知らせてほしい。

ベースキャンプの製品

ベースキャンプ

https://basecamp.com

プロジェクト管理用のソフト

ハイライズ

https://highrisehq.com

ビジネスに必要なあなたのコンタクトマネジャー

キャンプファイア

https://campfirenow.com

リアルタイムのチャット、ファイル／コードの共有

『ゲッティング・リアル』

gettingreal.37signals.com

http://gettingreal.37signals.com/GR_jpn.php（日本語版）

スマートで簡単なウェブアプリの作り方を記した僕らの最初の本

ルビー・オン・レイルズ

https://rubyonrails.org

僕らが作ったオープンソースのウェブ・フレームワーク

ベースキャンプについて

※1999年に立ち上げられた「37シグナルズ」は、
2014年、「ベースキャンプ」に社名変更した。

ベースキャンプと私たちの製品について

https://basecamp.com/about

ベースキャンプ社のブログ。ビジネス、デザイン、カルチャーについて

https://m.signalvnoise.com

本書のオフィシャルサイト

https://37signals.com/rework

ベースキャンプのニュースレター――新製品、ディスカウントなど

https://basecamp.com/newsletter

Eメール

email@basecamp.com

訳者略歴

黒沢健二（くろさわ・けんじ）

1982年兵庫県生まれ。大阪外国語大学（現大阪大学外国語学部）地域文化学科卒業。外資系企業などを経て、現在新規事業開発の調査分析を行う。

松永肇一（まつなが・けいいち）

1960年東京都生まれ。千葉大学卒業。富士通株式会社でFM-TOWNS、Magic Capのソフトウェア開発に関わる。2000年より株式会社ライフメディアでWEBサービスを開発している。コミックス『スティーブズ』の原作者でもある。

美谷広海（みたに・ひろうみ）

1975年フランス生まれ。中高生時代をギリシャで過ごす。慶應義塾大学環境情報学部卒業。楽天株式会社をはじめ国内外のベンチャー・IT企業で海外事業を担当後、2015年より株式会社Cerevoにて海外セールス・マーケティングを行う。

祐佳ヤング（ゆうか・やんぐ）

1980年東京都生まれ。幼少期をイギリスで過ごし1995年に再渡英。ケント大学で社会学、オープン大学で古典などを学ぶ。37シグナルズのGetting RealやアプリのBasecampの訳も担当。二児の母になって以来フリーランスの翻訳者・コピーライターとして活動。質問・感想などは@YukaYoungまで。

本書は、二〇一二年一月に単行本『小さなチーム、大きな仕事〔完全版〕――37シグナルズ成功の法則』として早川書房より刊行された作品を改題、文庫化したものです。

ロングテール

The Long Tail

クリス・アンダーソン

篠森ゆりこ訳

ハヤカワ文庫ＮＦ

「売れない商品」を
宝の山に変える新戦略

ＩＴの進歩により、ニッチだった商品の集積（テール）がヒット商品（ヘッド）に比肩する利益をもたらす――ロングテール理論の提唱者で、『フリー』『ＭＡＫＥＲＳ』でも知られる著者が、そのアイデアの意味とビジネスや文化創造の未来を示した世界的名著。解説／小林弘人

ハーバード式「超」効率仕事術

Extreme Productivity

ロバート・C・ポーゼン
関 美和訳
ハヤカワ文庫NF

メールの８割は捨てよ！　昼寝せよ！
手抜き仕事を活用せよ！

ハーバード・ビジネススクールで教鞭をとりつつ、世界的な資産運用会社ＭＦＳの会長を務め、さらに本や新聞雑誌の記事を執筆し、家族との時間もしっかり作ってきた著者。その「超」プロフェッショナルな仕事効率化の秘訣を、具体的かつ実践的に紹介する一冊！

ピクサー

——早すぎた天才たちの大逆転劇

The Pixar Touch

デイヴィッド・A・プライス

櫻井祐子訳

ハヤカワ文庫NF

お荷物部門はいかにして世界一のCGアニメスタジオに成長したか

『トイ・ストーリー』をはじめとする驚異のCGアニメーションで映画業界の寵児となったピクサーは、いかに苦難の日々を抜けて卓越した創造の場となったのか。アップルを追われたジョブズ、ディズニーをクビになったラセターなど異才・天才たちが織りなす物語

HM=Hayakawa Mystery
SF=Science Fiction
JA=Japanese Author
NV=Novel
NF=Nonfiction
FT=Fantasy

小《ちい》さなチーム、大《おお》きな仕事《しごと》

働き方の新スタンダード

〈NF481〉

二〇一六年十二月十 日 印刷
二〇一六年十二月十五日 発行
（定価はカバーに表示してあります）

著者 ジェイソン・フリード
　　 デイヴィッド・ハイネマイヤー・ハンソン
訳者 黒《くろ》沢《さわ》健《けん》二《じ》・松《まつ》永《なが》肇《けい》一《いち》・美《み》谷《たに》広《ひろ》海《うみ》・祐《ゆう》佳《か》ヤング
発行者 早川 浩
発行所 株式会社 早川書房
郵便番号 一〇一‐〇〇四六
東京都千代田区神田多町二ノ二
電話 〇三‐三二五二‐三一一一（大代表）
振替 〇〇一六〇‐三‐四七七九九
http://www.hayakawa-online.co.jp

乱丁・落丁本は小社制作部宛お送り下さい。
送料小社負担にてお取りかえいたします。

印刷・株式会社精興社　製本・株式会社フォーネット社
Printed and bound in Japan
ISBN978-4-15-050481-6 C0134

本書は活字が大きく読みやすい〈トールサイズ〉です。